巾帼担当

中国精神，女性荣光

品墨 编著

心若芷萱，
历经风雨仍芬芳
身随境转，
笑对人生且珍惜

巾帼风骨尽显红颜本色
万众芳华撒播人间温情

凝聚团队力量，同其心，一其力

新华出版社

图书在版编目（CIP）数据

巾帼担当：中国精神，女性荣光 / 品墨　编著
—北京：新华出版社，2021.1
ISBN 978-7-5166-5623-5

Ⅰ.①巾… Ⅱ.①品… Ⅲ.①女性—先进工作者—先进事迹—中国—现代 Ⅳ.①K828.5

中国版本图书馆CIP数据核字(2021)第017899号

巾帼担当：中国精神，女性荣光

作　　者：品墨	
责任编辑：唐波勇	图书策划：李平书
装帧设计：赵志军	

出版发行：新华出版社
地　　址：北京石景山区京原路8号　　邮　编：100040
网　　址：http://www.xinhuapub.com
经　　销：新华书店、新华出版社天猫旗舰店、京东旗舰店及各大网店
购书热线：010—63077122　　中国新闻书店购书热线：010—63072012

照　　排：新华出版社照排中心
印　　刷：河北鸿祥信彩印刷有限公司

成品尺寸：170mm×240mm
印　　张：15　　　　　　　　　　字　数：198千字
版　　次：2021年1月第一版　　　印　次：2021年1月第一次印刷
书　　号：ISBN 978-7-5166-5623-5
定　　价：48.00元

版权专有，侵权必究。如有质量问题，请与出版社联系调换：010-63077124

序　言

中国精神　女性荣光

　　冰心曾说："世界上若没有女人，这世界至少要失去十分之五的真，十分之六的善，十分之七的美。"

　　这些女性，在平常的生活中，是女儿、是妻子、是母亲；在战"疫"的斗争中，是战士、是英雄、是天使！

　　在她们当中，有刚刚参加工作的女护士，有年过七旬的老专家，有兢兢业业的社区工作者，有朴实无华的女工人……面对疫情，身处各行各业的巾帼英雄们，用柔弱的肩膀扛起了千斤重担。她们用无私的爱心、敬业的诚心、无畏的勇气为疫情、为患者撑起了一片天。

　　最美不过巾帼色，桃花马上请长缨。大事难事见担当，这些女性身上凸显出来的担当精神，感动了无数人，让我们真正体会到女性的伟大力量。这种力量折射出了千百年来的中国精神：负责任，有担当，不畏惧，不退缩！

　　支援武汉的医疗团队中，扬州大学附属医院派出纯女性团队；西安交大第二附属医院支援人数中，女性占到90%；辽宁医护女性占到总人数的88.2%；火神山工地现场，男女工人比例已经达到1∶1；连夜加班的口罩厂里，

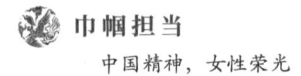

巾帼担当
中国精神，女性荣光

无数位从事白领、教师的女性，自发响应号召来加班，才保障了口罩链的顺利供应。

……

虽然无法计量，我们却能清楚地听见最可爱的她们无声地告诉我们：为国效力，不分性别。

温情无声，凝聚不懈力量。温暖、大爱、责任、坚强是女性在面对灾难疾病中跨越历史与现实的精神回响，在疫情防控战场上，女性始终用热血传递着信仰、情怀、爱心、责任，构成了鼓舞所有人走过这一段历史的最伟大的力量。

面对时代与人民的重托，一位位坚强勇敢的逆行巾帼迎难而上以身赴险；一个个不分昼夜、舍己为人的平凡姐妹们，不辞辛劳、日夜坚守；一幕幕可歌可泣的感人瞬间、美丽身影烙在每个人心中。是她们，用坚毅步伐书写出美丽人生的温暖与从容；是她们，矢志不渝、问心无愧的与人民战斗在一起，激发每个人对生命的关怀，并将其凝聚成打赢疫情防控阻击战的不懈力量。

2020年10月1日，国家主席习近平在联合国大会纪念北京世界妇女大会25周年高级别会议上的讲话中说：

妇女是人类文明的开创者、社会进步的推动者，在各行各业书写着不平凡的成就。我们正在抗击新冠肺炎疫情，广大女性医务人员、疾控人员、科技人员、社区工作者、志愿者等不畏艰险、日夜奋战，坚守在疫情防控第一线，用勤劳和智慧书写着保护生命、拯救生命的壮丽诗篇。我们要为她们点赞。

在中国抗击新冠肺炎疫情最紧要的时刻，来自中国全国各地驰援湖北的4万多名医护人员中，三分之二是女性。有一位来自广东省的小护士还不满20岁。记者问她，你还是一个孩子，还需要别人帮助。她回答说，穿上防护服，我就不是孩子了。这段对话感动了整个中国！正是成千上万这样的中国女性，白衣执甲，逆行而上，以勇气和辛劳诠释了医者仁心，用担当和奉献换来了山河无恙。

其实，女性的担当不仅仅体现在这次疫情中。历史充分证明了女性是推动社会文明进步的一支伟大的力量。在经济建设领域，广大女性充分发挥聪明才智，积极投身企业改革，解放思想，开拓创新，在各行各业中都充分展示了巾帼风采，为推动经济社会的发展做出了重要贡献。在精神文明建设领域，广大女性围绕和谐社会建设，以诚信为本，秉承优良传统，弘扬时代精神，发展先进文化，扶危济困、奉献爱心，推动每个家庭唱响和谐之音，在社会公德、职业道德、家庭美德建设中作出了突出贡献。

心若芷萱，散发出无穷的芬芳，从内到外悠远不绝。身为女子，在这个世界上，果敢优雅，不畏将来，不念过去，活成四季最美的风景。最美不过巾帼色！

目 录

第一章 最美不过巾帼色，你是人间四月天　　001

生命之舞：是爱，是暖，是希望　　003

走过最黑的夜，定会迎来黎明的曙光　　018

天然去雕饰，朴实见芳华　　030

逆向而行，在风雨中坚强开放　　043

第二章 岁不寒，无以知松柏；事不难，无以知女人　　057

柔肩撑起一片天，谁说红颜不丈夫　　059

有一种使命是责任，有一种力量叫担当　　075

优秀是一种习惯，敬业是一种担当　　087

凝聚团队力量，同其心，一其力　　104

第三章	用爱守护，世界因爱而完美	113
	热爱生命，爱让我们生生不息	115
	人生真谛，拥有一颗感恩的心	123
	爱的奉献，人间最美的温情	133
	用爱凝聚，奏响幸福温暖的乐章	144
第四章	仙姿自在凡尘里，大美长存澹静中	153
	永恒的女性，引领我们上升	155
	找到自我，自信是充盈的生命力	169
	北方有佳人，绝世而独立	183
	冰雪净聪明，才华馥比仙	196
附 录	女人如诗　女人如画	205
	关　雎	206
	桃　夭	207
	湘夫人	207

第一章

最美不过巾帼色

你是人间四月天

林徽因 《你是人间四月天》

我说,你是人间的四月天;

笑响点亮了四面风;

轻灵在春的光艳中交舞着变。

你是四月早天里的云烟,

黄昏吹着风的软,

星子在无意中闪,

细雨点洒在花前。

那轻,那娉婷,你是,

鲜妍百花的冠冕你戴着,

你是天真,庄严,

你是夜夜的月圆。

雪化后那片鹅黄,你像;

新鲜初放芽的绿,你是;

柔嫩喜悦,

水光浮动着你梦期待中白莲。

你是一树一树的花开,

是燕在梁间呢喃,

——你是爱,是暖,

是希望,

你是人间的四月天!

生命之舞：是爱，是暖，是希望

亲爱的老婆：

见字如晤。

自武汉暴发疫情到现在已经一月有余，全国人民都心系武汉。各地为武汉捐赠物资，都为武汉祈祷，隔离病毒，但不隔离爱。

当知道你被调往一线的时候，我的心情很复杂，孩子还那么小，病毒传播得那么快，家里还有父母，我舍不得你去前线，毕竟你也是我的小公主呀。但你是医务人员，我是人民警察，都是要服务于人民，党和国家栽培了我们，人民需要我们挺身而出的时候，我们应当义不容辞。

你起程的那天，我给你拍了照，看着女儿和妈不舍地流着泪，我的心里又何尝不心疼呢？有多少个家庭像你我一样，他们早早站在了抗疫一线。又有多少家庭因家人感染病毒，而日夜不得安睡。还有许多的父母，许多的孩子，他们在等待着病魔早日被打败，等待着家人健康归来，等待着全国又回到那一片祥和的日子，然后开开心心地在一起，在一起就是最大的幸福。所以有很多人需要你们，我身为一名退任军人明白，国有战，召必回！这场和病魔的战役，我们一定可以打赢，而你是我心中的英雄！女儿长大以后，她会明白，勇敢，责任，这些都是妈妈教她的。

最近，朋友圈里你带领大家跳萨日朗的视频刷屏了，看到你还是那样的乐观。视频连线时，你被口罩勒红的脸，除了心疼我竟不知道用什么词来形容我的心情。防护服下的你是那样积极，希望你们可以把乐观的情绪带给武汉的同胞们，让他们明白全国人民都在为武汉加油，就像网上很火的段子一样，全国各地的美食都在为武汉热干面加油，那甘肃牛肉面、张掖的拉条子、搓鱼子、西红柿茄子炒辣子，都为武汉的各种美食加油。

你们医护人员都很辛苦，你要团结同事，互相照顾，记得按时吃饭，按时休息，做好隔离，不要有太大的心理压力。不用担心家里，我会照顾好爸妈，照顾好孩子，在你凯旋时，我会带着答应你的99朵玫瑰花与你相拥。

第 一 章
最美不过巾帼色，你是人间四月天

我永远爱你，等你回来。

爱你的老公

2020年2月12日

这是2020年情人节前夕，甘肃省张掖市公安局法制预审支队辅警安建松，写给在千里之外的武汉抗击新冠疫情的妻子——甘肃省第二批援鄂医疗队队员、张掖市第二人民医院呼吸科护师孙梦婕的情书。

孙梦婕出生于1993年，是一个"90后"，也是家中的独生女。新冠疫情暴发后，各地医护人员驰援武汉，孙梦捷第一时间就向医院申请去武汉，她向领导表示，自己有重症监护病房和呼吸科的工作经验，非常适合此次疫情的医护工作。

2020年2月5日，孙梦婕随医疗队到达武汉。经过紧张的培训、准备后，2月7日，武汉东西湖客厅方舱医院正式开始接管患者，孙梦捷也开始了与疫情的战斗历程。

刚开始时，由于对疫情的恐惧，很多患者的情绪非常低沉，方舱医院的气氛很压抑。医护人员们看在眼里，急在心里，一天，护士长和孙梦捷商量，让护士们带领患者跳跳舞，运动放松一下，这样应该对患者的心理有好处。

年轻的孙梦捷在平时就比较乐观开朗，喜欢唱歌、跳舞。她想起自己刚刚学会的那首《火红的萨日朗》的舞曲，即轻快、阳光，也简单易学。于是，

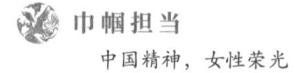

她就在病房里带领患者跳了起来。

因为穿着厚重的防护服,导致孙梦捷的舞姿看起来稍显笨拙,但轻松明快的曲风和快乐喜庆的舞蹈,一下就调动起了病人情绪,焦虑、抑郁的阴霾被一扫而空。方舱医院的病房里洋溢着欢笑、热情与希望。

有一种担当叫乐观,用积极的心态面对困难

孙梦捷是一个开朗乐观的人,远离家乡,处于疫情的风暴中心——武汉,不但自己能用积极、阳光的心态来面对一切,还能通过舞蹈的方式带领患者放松心情。正如安建松所说,当在网络上看到方舱医院护理人员领跳广场舞的视频后,他第一感觉"一定是我妻子"。得到确认后,他特别高兴。"她能带领大家跳广场舞,说明她在武汉身体健康、心态乐观,我也就放心了。"

积极乐观的心态就是最珍贵的"特效药"!它能让处在黑暗中的人看到光明,能为处于低沉期的人点燃热情,能帮抑郁中的人找回快乐。

每一个拥有担当精神的人,都拥有积极乐观的心态。一个人只有具备了勇于担当的精神之后,才会产生改变一切的力量。担当让人坚强,担当让人勇敢,担当让人面对一切困境时都能乐观面对。

乐观者与悲观者在讨论三个问题。

第一个问题:希望是什么?悲观者说:是地平线,即使看得到,也永远走不到。乐观者说:是启明星,可以告诉人们曙光就在前面。

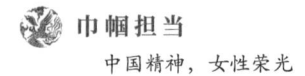
巾帼担当
中国精神，女性荣光

　　第二个问题：风是什么？悲观者说：是浪的帮凶，可以把你埋葬在大海深处。乐观者说：是帆的伙伴，能把你送到胜利的彼岸。

　　第三个问题：生命是不是花？悲观者说：是又怎样，花开终有花谢。乐观者说：不，它能留下甘甜的果子。

　　突然，天上传来一个声音，也问三个问题。

　　第一个：一直向前走，会怎样？悲观者说：会泥泞坎坷。乐观者说：会看到柳暗花明。

　　第二个：春雨好不好？悲观者说：不好！野草会因此疯长！乐观者说：好！百花会因此开得更加艳丽！

　　第三个：如果给你一片荒山，你会怎样？悲观者说：修一座坟墓。乐观者说：不！种满绿树。

　　就这么你一言我一语，针锋相对，只是他俩都不知道，在空中提问的是上帝。他们更不知道，就因为这场讨论，上帝给了他们两份不同的礼物：给了乐观者勇气，给了悲观者眼泪。

　　当人们为了自己的理想、为了担当国家和社会所赋予在重任而努力的过程中，避免不了会遭遇意想不到的困难和挫折。这时，不同类型的人会有不同的表现：缺乏担当精神的人会消极悲观，感慨命运的不公、老天的绝情，从而逐渐沉沦下去；逃避现实者则会给自己找借口，沉浸在虚幻的臆想中不能自拔。

　　有担当的人则不同，他们不会抱怨，不会一蹶不振，而是抱着冷静、客

第 一 章
最美不过巾帼色，你是人间四月天

观的心态面对一切。在分析透彻导致自己挫败的根源后，他们有勇气来面对失败，面对一切障碍，积极地寻找能摆脱困境的方法。在这种心态的推动下，任何困难和挫折都不会成为迫使他们停下前进脚步的阻碍，反而会激励他们愈挫愈勇。

有担当的人并不是不顾现实的盲目乐观，他们非常清楚自己所面临的处境，能够看到身边各种的不利因素。不过，他们对自身的长处和弱点了如指掌，他们坚信，只要自己能够找到正确的方法，坚持下去，未来的胜利一定属于自己。

乐观的人能够积极行动，从悲伤和苦恼中找到幸福的踪迹，不仅能让自己的内心焕发希望，还能帮助身边的人振作起来。相反，悲观的人一味地怨天尤人，容易错失良机，不仅不会对自己有任何帮助，还可能会让周围的人陷入悲观的境地。

人生中的困难可以带给人悲伤，也可以打破平庸，诞生出不平凡，因此我们身处逆境的时候要具备面对困难的担当精神，保持积极乐观的心态。对于悲观的人来说，苦难往往会让人惊慌失措，仿佛人生没有了希望。不过有的人乐观向上，能承受住打击，甚至在苦难的压力下激发出更大的潜能，他们坚信现在的灾祸就是对人生的考验，未来还是充满希望的。

我们每个人每天都会遭遇很多事情，这些事情有好有坏。碰上坏事情，一些人的心情也随着变得糟糕起来。其实，这是没有必要的，因为凡事都有好的一面，都蕴藏着美好的东西，这就要看你用什么样的心态去对待它。

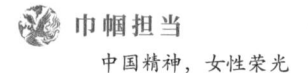

有一个人从一棵椰子树下经过，一只猴子从上面丢下来一个椰子，正好砸中了他的头。

这个人摸了摸肿起来的头，然后把椰子捡起来，喝椰汁、吃果肉，最后还用外壳做了一个碗。

假如猴子丢下的那个椰子砸中的是你的头，你会用什么样的态度来对待这个"意外的打击"呢？如果是怨恨、咒骂，那么不但无济于事，反而还会使你的心情变得更糟糕；如果你选择了积极的心态，就像故事中的那个人一样，只是摸了摸头上的肿块，然后捡起椰子饶有兴致地喝掉椰汁、吃掉果肉，并把椰壳做成一只碗，这时你有可能因心情变好而感谢那只猴子、头上的肿块和椰子，因为如果没有这一切，或许你就无法解决旅途中的寂寞、饥饿和无聊。

李华和张青都是一家进出口贸易公司的员工，世界经济形势的原因，导致业务萎缩，两人同时失去了工作。

李华在一时找不到工作的情况下，干脆做起了电子商务。面对这个崭新的行业，她一开始感觉无所适从，也经历了很多挫折。但后面李华确感觉越做越有意思，这也是对自己的一种挑战。她积极的面对着、战斗着。

张青却是另外一种处境，她陷入了沮丧、抱怨之中，既不愿意接受新行业的挑战，也不想去充实自己，积累能力，而是牢骚满腹。

第 一 章
最美不过巾帼色，你是人间四月天

三年过去了，李华已经成为一个小有名气的电子商务工作者，一天，当她去参加一个商务会议时，意外地遇到了张青，这位当年的同事，现在是酒店的服务员。

同样是遭遇失业，但两人面对逆境时的心态造就了他们今天的区别。

当灾难不期而至时，你消极、逃避，不如勇敢承担。当你用积极乐观的心态去面对灾难时，所谓的灾难就成为你成长路上的助推器。

现实中，很多人只看到了自己身上的不幸：没有优越的家庭条件，没有考入理想的大学，没有找到满意的工作……他们自己给自己贴上了"不幸"的标签，却看不到自己身上的优势，看不到前进路上的希望。

其实，面临一点困难就唉声叹气，只能让你在不幸的深渊中越陷越深，不能自拔。

一艘满载着科考队员的轮船在大海上航行，深夜遇到了狂风暴雨。一个队员第一次面临这种险境，吓得疯狂叫喊起来。这种疯狂的举动给船上所有成员一种世界末日的感觉。队长非常生气，要把这名队员关到货舱里去。

这时，船上的一名水手说："不用大动干戈，我来让他安静下来。"然后，水手叫了几个人帮忙，把这位队员绑了起来，丢入海中。

这名队员被丢下海后，被冰冷的海水刺激的拼命挣扎，大喊救命。过了五分钟，水手才把他拉了上来。

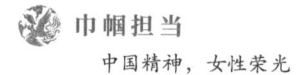

奇怪的是，一上到甲板上，刚才疯狂的队员开始静静地待在船舱一角，半点声音也没有。队长非常好奇，问水手为什么会这样。水手微笑着回答："在情况转变得更加恶劣之前，人们很难体会自身是多么幸运。"

不得不说，这位水手非常高明，在他的手中，幸运就像球拍，而不幸则是球，只有"幸运的球拍"才能将"不幸的球"狠狠打出去。这种逻辑又像大海中一个落难的人，海难是不幸的，但怀中的救生圈却能让他感到自己是多么幸运，至于漂到哪里甚至漂多久都不是问题，因为幸运永远在他怀中——他不会因为方位、距离的变化而失去救生圈。所以，即使遭遇海难，他也并不认为自己是不幸的，怀中的救生圈让他相信自己一定会获救。

在生活中，不管你面临何种困境，一定要保持乐观，要想到还有比目前状态更艰难的局面，相比之下，你的现状已经算幸运了。

凡事都能保持这种心态，会帮助你以积极向上的精神状态面对一切困难。比如说，如果将狂风暴雨中的大海比作地狱，那位被丢下海的科考队员无疑是到"地狱"走了一遭，这种险死还生的经历让科考队员感觉到，从此世界上已经没什么可怕的事了，能够回到船上已经是无比幸运。由此可见，不幸也能给人带来好处，这就要看你用什么样的心态来看待它。

中国古代有一句名言"祸兮，福之所倚；福兮，祸之所伏"。意思就是，不幸之中往往隐藏着幸运；幸运之中同样隐藏着不幸。

确实如此：过多的幸运只会让一个人意志逐渐薄弱，根本经不起不幸的

第 一 章
最美不过巾帼色，你是人间四月天

打击，一旦遭遇波折，只能怨天尤人。

不幸对于幸运儿而言无疑是灭顶之灾，无力抗拒。因为幸运儿习惯了幸运，在他们的生活中，只有一帆风顺、心想事成，他们不认为不幸也是生活的一部分。他们就像温室中的花朵，失去了抗击风雨的能力。而不幸对于那些经常遭受不幸折磨的人来说是家常便饭，常吃这种"不幸饭"的人，意志品质都是超强的。他们清楚地知道，人生不会风调雨顺，幸运只是偶尔光临。幸运是有限的，不幸却是无限的。一个过早透支了幸运的人剩下的无疑是更多的不幸。其中的道理是：因为你几乎经不起不幸的打击，一旦被击倒，你这个没经过不幸的"魔鬼训练营"调教的人就很难爬起，如此一来，更多的不幸就会劈头盖脸地砸下来。有时候，甚至别人看来不过是个小小的沟坎，也会成为你的生活中难以逾越的高山。

古人云，"大事难事看担当，顺境逆境看襟怀"。对于应负的责任，迎着风险也要干好，实践担当的精神，提升担当的能力，做到敢担当，能担当，会担当，善担当。

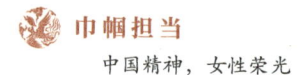

担当得了困厄,才享受得了幸福

生活中的幸福与困厄是相对的,你只有担当得了困厄,才有能力去享受幸福。

王思懿是家喻户晓的影视明星,但鲜为人知的是,在演艺事业取得巨大成功前,她却遭遇过理想破灭的巨大打击。

王思懿从小就喜欢舞蹈,在小学阶段就打下了扎实的舞蹈功底,因此很顺利地考上了艺专舞蹈科。

当一名出色的舞蹈家,在舞台上翩翩起舞,这是王思懿最美丽的梦想。她的形体条件很好,双腿修长,身段苗条,天生就是块练舞的材料。她的个性又十分要强,凡事喜欢冒尖,所以学习上刻苦用功,进步很快,成绩一直名列前茅。

然而,不幸的事情发生了,在一次腾空飞跃交叉舞步的练习中,王思懿不慎跌倒,腿部关节的韧带因此拉断,医生告诫她不要再跳舞了。王思懿一向将舞蹈视为自己的生命,将舞台视为自己唯一的世界,突然遭受到如此打击,她伤心得落下了眼泪。

王思懿不甘心就这样放弃自己的梦想。伤愈之后,她仍然回到学校,坚持上课习舞。尽管她的舞蹈还是有相当水准,但她越来越明显地感到力不从心,艺术上已无法再有新的突破、新的超越。于是到了三年级时,她怀着极为无奈、极为痛惜的心情,从艺专休学,去寻找属于自己的新的发展空间。

舞蹈美梦破灭后,王思懿选择了广告模特儿的工作,因为当模特儿是唯一和舞蹈相似的工作。她拍过许多电视广告及时装平面广告,幸运的是,她很快成了这一行业的新宠。

塞翁失马,安知非福。虽然当不成舞蹈家,王思懿却在广告界尽现风姿,之后又投入影视圈,并逐渐走红。她先后出演了《刘伯温传奇》《红尘无泪》《徐悲鸿传》《爱爱的日记》《竹蜡蜓》《秦始皇与阿房女》《水浒传》等电视剧。由于她的扮相宜古宜今清新秀丽,楚楚可人,因而获得圈内行家的佳评,且深受广大观众的喜爱。

这一切,首要的原因就在于她能承受挫折,从不灰心丧气,以积极乐观的心态去寻找新生活。

在生活中,总有一些女人在感慨自己没有好机缘,没有好背景,认为是命运在捉弄他们。而有担当的人却不相信命运,而是乐观地看待困境,用自己的智慧和汗水绘就幸福的人生画卷,坦然地去面对苦难。

乐观会让人充满力量，获得成功、幸福和健康，攀登到人生的顶峰。乐观的女人相信自己能适应环境，同样也能改变环境，一切都会因为自己的努力和付出而改变。没有"天时"，她们会韬光养晦，为自己的目标做好充分的准备；没有"地利"，她们会在工作中观察、在观察中工作，寻找机会并创造机会；没有"人和"，她们能够化敌为友，建立良好的人际关系。

如果说消极的心态使人受制于自我设置的某种阴影，是失败的根源，是使生命失去色彩的毒药，那么乐观就是成功的助推器，是生命的阳光和雨露。如果你想拥有快乐的生活，就必须摒弃这种扼杀你的潜能、摧毁你希望的消极心态。

温娜思是个美丽又聪慧的姑娘，她出生在英国一个普通的中产阶级家庭，她的父母都是当地的教师。在父母的影响下，她热爱读书、喜欢园艺。

14岁那年，温娜思在一次事故中不幸双目失明。但她非常坚强，自始至终没有在父母面前流下一滴眼泪，即使如此，父母还是非常担心女儿。他们常常抽时间陪温娜思去英国山区游览，让她用手、耳朵、鼻子、嘴来感受花草的美丽和芬芳。

温娜思以前就很喜欢园艺，失明之后的游览经历更增添了她对花草的兴趣，她认真地对父母说自己想从事园艺工作。因为她觉得这可以让她变得平静、优雅，父母爽快地答应了。

温娜思现在已经拥有10个花卉种植园和几十家花店，每天她都坚持去那个距离自己住所最近的花卉种植园呼吸新鲜的空气。新来的员工都很奇怪地打听:"这位女老板虽然双目失明,但是总是一脸平静的笑容,气质如兰,她是怎么做到的呢?"

那些在种植园里工作多年的员工总会耐心地告诉他们:"你们难道没有看见吗,温娜思小姐每天都在花园里赏花。虽然她双目失明,但是她能用耳朵听花的声音,这就是她气质优雅的原因啊!"

于是,当温娜思再次走进种植园时,那些新来的员工总会好奇地观察着她的一举一动:每天早晨,她的助手都会把她送到种植园门口,温娜思小心、谨慎地沿着种植园里的小径走向花圃,然后安静地蹲在花丛边静静地倾听花开的声音。

凡在她的种植园里工作过的员工都知道老板的这个习惯,而且他们常常为她的那个简单的动作而感动。

温娜思用耳朵倾听花的声音,这不仅让她以自己的兴趣为基础创办了事业,更让她拥有了优雅的气质。她向身边的朋友说:"每次走到花丛中,我便只专心地倾听花开的声音,烦恼和压力便会自然地远离。这样即使遇到了意料之外的事情,我也依旧能够保持微笑。"

温娜思担当得了失明的痛苦,从而才能享受倾听花开的幸福。我们每一个人也是如此,勇于承受苦难,最终才能品味成功的甘甜。

贰

走过最黑的夜，定会迎来黎明的曙光

广州中山大学孙逸仙纪念医院在此次疫情中，也派出了医疗队于除夕的夜晚支援疫情最严重的武汉。在这支医疗队中，呼吸病专家黄林洁是唯一的女性。

很多人都还记得，当时网上在争相转发支援武汉医疗队中医护人员被口罩和护目镜在脸上留下痕迹的照片，其中一张就有黄林洁。

虽然在出发前，黄林洁已经做足了思想准备，但是当她初到病区的时候，还是懵了：近80张床位全满员，收治的几乎全是重症，不但很多患者没有做核酸检测，还有一些危重患者的状况非常紧急。

在病区，黄林洁可以说是"全能选手"，不仅要处理患者的病情，还要像心理医生一样调适患者和家属的情绪。每当脱下厚重的防护服时，她浑身上下都湿透了。

在武汉的战场上，黄林洁深刻体会到了那句话："有时治愈，常常帮助，总是安慰。"这正是医者的神圣使命。她说："即使在最艰难的时候，我们都坚信，走过最黑的夜，定会迎来黎明的曙光！"

第一章
最美不过巾帼色,你是人间四月天

有一种担当叫信念,有希望就有奇迹

没有特效药,初期医疗装备严重不足,感染人群居高不下……在种种不利的情况面前,谁也不知道什么时候能控制疫情,也不知道疫情将发展到哪一步。但黄林洁和她的战友们都坚信:走过最黑的夜,定会迎来黎明的曙光。有希望,就有奇迹!

罗勃特·史蒂文森说过:"不管肩上背负的担子多么沉重,我们都能咬牙坚持到夜晚的到来;不管从事的工作多么辛劳,我们都能顺利完成一天的任务,所有人都可以很快乐、很有耐心、很可爱、很纯洁地活到太阳下山,这就是生命的真谛。"

担当精神就是无论面对多么困难的局面,无论处于多么严峻的环境,都能有一种坚定的信念:黑暗终会过去,黎明终将到来。

在这种坚定信念的支撑下,我们才能勇担重任,才能最终收获成功的果实。

在一家以治疗癌症闻名的医院里,一位身患肺癌的企业家已经奄奄一息。

医院请了治疗肺癌最有心得的专家。在试遍所有常规疗法后，专家决定采用心理疗法来试试。专家问患者："你现在想吃点什么？"患者无力地摇了摇头。专家又问："那你是否想听首喜欢的音乐？"患者还是摇摇头。专家耐心地问："你对看电影、听故事有没有兴趣？"患者这次干脆闭上了眼睛，一声不吭。专家还想问下去，病床旁的亲友说："没有用的，他健康时都没有什么爱好，就甭说是现在这个样子了。"

教授听了之后，神情一下子忧郁起来，他叹了口气，转身走出病房。家人追了出来很担心地问："怎么了？是不是没有希望了？"专家说："我医治过成千上万的病人，每次我都是全力以赴，但对这个病人我是彻底地没有办法了，因为他是一个失去希望的人，对生活没有什么留恋，也不会有信心活下去的，再好的医生也治不好他的病。"不久这位大老板便离开了人世。这位老板有豪华的别墅，有高级轿车、汽艇，有花不完的美元，他应有尽有，可就是缺少了一样——美好的期盼。

人活在世上，就要每天都有美好的期盼，这是支撑你活下去的坚强动力。现实中，很多人常常感觉，自己每天过得都是重复单调的生活，日复一日，年复一年，只是在一种模式里循环。之所以会有这种感觉，是因为他们对未来缺少美好的期盼。如果每天能给自己一个美好的期盼，你会发现，生活中的每一天都是一个崭新的开始，每天的学习、工作、生活便不再枯燥乏味，不再单调无趣，而是通往美好生活的过程。一个人只要拥有希望，就会拥有完成自身使命的信心，就会战胜一切看似难以战胜的困难。

第一章

最美不过巾帼色,你是人间四月天

永不放弃,有一种担当叫坚持

中国女性身上的担当精神体现了一种积极乐观的心态,更体现了一种永不放弃、坚持到底的韧劲。这一点,在中国第一位女性诺贝尔奖获得者屠呦呦身上,更是展现得淋漓尽致。

1955 年,屠呦呦大学毕业,进入中国中医科学院的前身——中医研究院中药研究所工作。期间,屠呦呦学习到了大量的中医中药知识,对中医的认识也到了一个新的高度。

1969 年,全国"523"任务(科研工程,涵盖了疟疾防控的所有领域,以 5 月 23 日开会日期为代号)的负责人找到了屠呦呦,将承担"523"科研任务的重担交给了她。当时,屠呦呦只有 39 岁。

据当时的中国中医科学院中药所所长姜廷良说:"'523'之所以将重任委以屠呦呦,除了她扎实的中西医知识功底和科研能力外,还在于在她身上看到了不达目的誓不罢休的韧劲。"

从此，屠呦呦被任命为课题组组长，正式走上抗疟之路。她首先从本草开始研究，并广泛收集、整理历代医籍，查阅民间方剂，请教老中医专家。仅用3个月的时间，她就将目光聚焦到了青蒿上。

在经历了上百次失败后，屠呦呦终于得到了想要的结果：191号青蒿乙醚中性提取物样品抗疟实验对疟原虫的抑制率达到了100%！

取得了阶段性的胜利后，屠呦呦又遇到了无数的难题——毒副作用问题、实验对象问题，等等。每一次挫败都令科研团队非常懊恼。

但屠呦呦丝毫不为失败所动，她认定自己的研究方向是正确的，那就咬紧牙关，一次不行两次，两次不行十次，一定要把这个硬骨头啃下来。

时间到了1972年，在这年的9月25日、9月29日、10月25日、10月30日、11月8日，屠呦呦领导的课题组相继分离得到多个结晶。后来，11月8日成为课题组认定的青蒿素诞生之日。

1977年，青蒿素结构首次公开发表。1981年10月，在北京召开的国际会议上，屠呦呦所作的题为《青蒿素的化学研究》的报告，引起世界卫生组织专家的极大兴趣，并认为"这一新的发现更重要的意义是在于将为进一步设计合成新药指出方向"。

屠呦呦在1985年开始了抗疟新药——双氢青蒿素及其片剂的开发研究工作。历经7年艰辛，终于将发现于1973年的双氢青蒿素，在1992年获得《新药证书》，并转让投产。这是屠呦呦对中国乃至世界做出的又一重要贡献。

2011年，作为"医学界的诺贝尔奖"的拉斯克奖花落屠呦呦，获奖理由

第 一 章
最美不过巾帼色，你是人间四月天

是因为发现青蒿素——一种用于治疗疟疾的药物，挽救了全球特别是发展中国家的数百万人的生命。

2015年10月5日，屠呦呦成了诺贝尔奖获得者，她也因此成为诺贝尔医学奖史上第12位女性得主。

为什么是屠呦呦？很多人这样问。

"学问是无止境的，所以当你局部成功的时候，你千万不要认为满足，当你不幸失败的时候，你亦千万不要因此灰心。呦呦，学问决不能使诚心求她的人失望。"在这封屠呦呦14岁时，哥哥写给她的信中，也许能破解一点成功的答案。

屠呦呦的坚持和担当，终于有了丰厚的收获。

任何人想要成就一番事业，必须要懂得坚持，只要坚持下去才有希望获得成功。

1832年，林肯不幸失业了，他虽然很伤心，但并没有气馁，而是决定当州议员，做一名政治家。不过，他在选举中失败了，短短的时间内，他遭遇了两次打击。

后来，林肯决定创业经商。但不到一年，刚刚创立的企业就破产了。他花了整整一年的时间来努力偿还所欠下的债务。

接下来，林肯再次竞选州议员，可喜的是，他成功了。

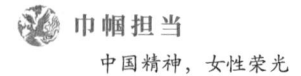

巾帼担当
中国精神，女性荣光

林肯认为自己的生活有了转机："可能我可以成功了！"

1935年，他订婚了。但离结婚还差几个月的时候，未婚妻不幸去世。这对他精神上的打击实在太大了，他心力交瘁，数月卧床不起。1836年，他得了神经衰弱症。

1838年，身体状况刚刚恢复的林肯，再一次竞选州议会的议长，迎接他的依然是失败。

1843年，重整旗鼓的林肯竞选国会议员，再一次失败。

创业失利、爱人逝世、竞选屡战屡败……假如换作是你，你会不会放弃——放弃这些对你来说是重要的事情？林肯没有放弃，他也没有说："要是失败会怎样？"1846年，他又一次参加竞选国会议员，最后终于当选了。

两年任期很快过去了，他决定要争取连任。他认为自己作为国会议员表现是出色的，相信选民会继续选举他。但结果很遗憾，他落选了。

因为这次竞选他赔了一大笔钱，林肯申请当本州的土地官员。但州政府把他的申请退了回来，上面指出："做本州的土地官员要求有卓越的才能和超常的智力，你的申请未能满足这些要求。"

接连又是两次失败。在这种情况下你会坚持继续努力吗？你会不会说"我失败了"？

然而，林肯没有服输。1854年，他竞选参议员，但又失败了；两年后他竞选美国副总统提名，结果被对手击败；又过了两年，他再一次竞选参议员，还是失败了。

第一章
最美不过巾帼色，你是人间四月天

林肯尝试了11次，可只成功了2次，他一直没有放弃自己的追求，他一直在做自己生活的主宰。1860年，他当选为美国总统。

林肯遇到过的敌人我们都曾遇到，他面对困难没有退却、没有逃避，他坚持着、奋斗着。他根本就没想过要放弃努力，他不愿放弃，所以他成功了。

世上没有比脚更长的道路，没有比人更高的山峰。只要你勇敢地走下去，一定能到达路的尽头。许多人都拥有自己崇高的理想，然而，大多数人却因路途坎坷而最终选择了放弃，以至行百里者半九十。

其实，很多事告诉我们，坚持到底就是胜利。在人生的道路上，挫折与失败不可避免，当考试屡遭失败的时候，当不幸突然降临的时候，当求职处处碰壁的时候，当因某种原因而下岗的时候，请千万不要轻言放弃。

当你努力读书却没有取得好的成绩时，就不再读下去了吗？当你和别人下棋，会因为一子走错就认为全盘皆输吗？当你所想要达到的目的没有达到的时候，你会气馁吗？在你想要放弃的时候，请记住：人有恒，万事成；人无恒，万事空。得到胜利的人只会是有毅力之人。

因此，无论在何时都不要轻言放弃，要相信"我是最好的"，要相信成功的桂冠都是由荆棘编织成的。

世上没有永不下雨的天空，在人的一生当中，不可能真正一帆风顺。成功之所以有强者与弱者之分，无非是因为前者在接受命运挑战时说："我永远不会放弃！"

征服逆境方显担当精神

2020年7月,习近平总书记在给中国石油大学(北京)克拉玛依校区毕业生回信中引用了"志不求易者成,事不避难者进。"这句古诗,用以肯定他们不畏艰苦的担当精神。

一般来说,顺境时,大家都愿意担当;逆境时,是勇敢征服,还是躲避绕路,则最能体现是否具有真正的担当精神。正如一位哲学家所言:"奇迹大都是在征服逆境的过程中出现的。"

人生中难免经历苦难,没有经过丝毫困难和挫折的人往往不懂什么才是真正的担当。只有正视困难、接受挫折,用微笑面对所有苦难,你才能最终远离挫折,迎来成功。

子轩告别朋友、亲人,踏上了寻找成功的旅途。他跋山涉水,历尽千辛万苦,山路上的荆棘扯破了他的衣服,坎坷的地面把他的脚底磨出了水泡。虽然疲惫,虽然痛苦,可他依然往前走,向着成功的方向。在蹚过一条河后,

第一章
最美不过巾帼色，你是人间四月天

他被一个名叫挫折的人挡住了去路。挫折说："只要你想寻找成功，就必须从我这里经过，就必须经历挫折。"

"不，"子轩说，"我要寻找的不是挫折，是成功。"他又翻了无数座山，过了无数条河，却始终没有找到成功。渐渐地，他灰心丧气起来。一天，他碰到一位智者。他问智者："你知道成功在哪里吗？"智者笑着看了看他，用手指向前方，"每一个人要寻找的成功都在自己的前方。"

"不！"子轩大喊，"我在前方只遇到了挫折。""挫折是在前方，但成功也是在前方呀，你为什么不坚定地向前方走去呢？成功在最前方呀！"子轩愕然，智者叹息。

我们中的很多人何尝不是这样，只看到了前方的挫折，但没有意识到前方也有成功。停下了前进的脚步，同时也失去了收获成功的机会。其实，成功就在挫折的不远处，只要坚定地走下去，就一定会拥抱成功。

是啊，在挫折面前，逃避者只能被淘汰，恐惧者只能更懦弱，只有正视挫折者，才能获得最后的成功。

人生之路充满坎坷，一个人不可能永远一帆风顺，难免遇到挫折。遇到挫折并不可怕，重要的是你如何面对它。有的人会灰心，会气馁；而有的人会调整心态，重整旗鼓。不愿面对失败的人永远都是失败的；敢于面对失败的人，即使最后失败了，也仍然是胜利者，因为他们懂得如何对待挫折。只要我们注意观察，就会吃惊地发现，那些生活在贫困线上的人才

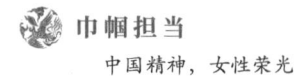

真的有耐心，有吃苦耐劳的品质，他们正是以这种惊人的耐心忍受着不成功的现实和生活。

一个人，不管他经受了多少打击，也不管他经历了多少苦难，只要他有耐心、有毅力，一旦爱的阳光照耀在他的身上，他便能治愈创伤，获得希望，重新萌生出新的生机，哪怕是在荒凉恶劣的环境里，也依然能够放射出自己的光和热。

奥格·曼狄诺喜欢讲这样一个故事：卖花的老太太微笑着，又老又皱的脸上荡着喜悦，冲动之下，我挑了一朵花。"今天早晨你看起来很高兴。"我说。

"为什么不呢？一切都这么美好。"她穿得相当破旧，身体看上去很虚弱，因此，她的回答令我大吃一惊。

"你很能承担烦恼。"

"耶稣在星期五被钉在十字架上的时候，那是全世界最糟糕的一天，可三天以后就是复活节。所以当我遇到麻烦时，就学会了等待三天，一切就恢复正常了。"然后她笑着道了声再见。

从此，我一碰到麻烦，那老太太的话便响在耳边："等待三天。"

富兰克林说："有耐心的人无往而不利。"

耐心需要特别的勇气，对一个理想或目标全身心地投入，而且要不屈不挠、坚持到底,就像白朗宁所说:"有勇气改变你能够改变的,愿意接受你无法改变的,并且明智地判断你是否有能力改变。"因此,追求人生目标的决心愈坚定,你就愈有耐心克服阻碍。所谓的耐心,是指动态而非静态、主动而不是被动,是一种主导命运的积极力量,而不是向环境屈服。

有了坚定的人生方向,可以提高我们对于挫折的忍受力,如果我们能够积极地面对困难,问题就能迎刃而解。

担当需要耐心,需要坚持,只有坚持到底,才能负责到底。半途而废中途退场的人,都不可能负责到底。

天然去雕饰，朴实见芳华

新冠疫情发生以来，涌现出了无数可歌可泣的女性人物，她们看似平凡、朴实，说不出什么豪言壮语，但都为防护疫情做出了巨大的贡献和牺牲。正是这种朴实和淡定，让我们看到了女性身上最耀眼的光芒。

武汉江夏区包工头胡晓红，大年三十晚上正在吃年夜饭，在突然接到一个电话后便放弃年夜饭，带了十几名工友连夜赶赴武汉火神山参与建设。两个孩子被她留在了家里。

记者问她："把孩子放家里你舍得吗？"

她说："没有什么舍不得，既然是中国人，哪里需要我们，我们就去哪里。"

火神山医院和雷神山医院共计2500个床位，从开工到完工，分别只用了10天和12天。为武汉吃紧的疫情防控工作，疏解了不少压力。

大年初一，一则"佛山南海企业急需车工赶制防护衣支援武汉"的消息在朋友圈被飞转。

第 一 章
最美不过巾帼色，你是人间四月天

"今天早上6点多，我先生就起床准备了，安排好家里的事情后，他就送我和姐妹们到镇政府坐车前往企业。"佛山市南海区九江镇上西村先锋经济社村民朱爽萍说。

已退休的54岁朱爽萍本应在家享受天伦之乐，一条群发招募制衣员工的信息，改变了她的过年计划。

大年初二，气温骤降，佛山市南海区九江镇镇政府门口，一群女工排起了长龙。她们是报名参与必得福公司赶制防护服的"制衣大妈"，其中就有朱爽萍。原本计划是20人，结果53座的大巴几乎坐满。

自必得福紧急启动防护服生产，短时间内经过严格筛选的72人马上投入防护服的生产。1月26日晚上10点，车间里依然灯火通明。他们当天就完成防护服手部、袖部1200件，帽子、裤围达800多件，基本上组装合成能达500多件的防护服半成品。

朱爽萍说："第一天上班，我们回到家已是晚上6点多，但不觉得累。能为国家尽一份力是我们的荣誉！"

"没有什么舍不得，既然是中国人，哪里需要我们，我们就去哪里。""能为国家尽一份力是我们的荣誉！"这些朴实的话语折射出了中国女性在危急时刻的担当精神。

美国著名主持人特雷弗·诺亚在《每日秀》上感慨：没有任何其他国家能这么神速。这"奇迹"的背后，是无数像胡晓红、朱爽萍这样平凡的人的辛苦付出，是她们身上那股不可战胜的中国力量。

中国精神，女性荣光

平凡见伟大，朴实显担当

能够体现担当精神的不只是那些轰轰烈烈的大事，在平凡的工作岗位上，能够兢兢业业，数十年如一日的尽职尽责，默默奉献，更能体现中国女性的朴实与担当。乌东德水电站的龙海燕，就是这样一个朴实的女性。

2003年，龙海燕还是一个年轻的小姑娘，为响应三峡集团水电开发可持续发展的战略，她毅然离开了三峡优越的城市生活，投身到溪洛渡水电站工程建设中，2012年又辗转投入到乌东德水电站筹建工程中。

之前，龙海燕只是一名普通的文员。现在，她已经成为公文处理、保密、会务等管理工作的行家里手。在谈到对自己工作的理解时，龙海燕说："文书工作是一项特殊职业，政策性、服务性要求很高，虽然可能不够精彩，但这份工作事关大局，职责重大，必须做好。"

依靠这份尽职尽责的担当精神，龙海燕把在别让看来枯燥乏味的工作做得有声有色。刚到乌东德水电站时，由于处于筹建初期，人员少、任务重，

第一章
最美不过巾帼色，你是人间四月天

龙海燕克服交通不便、物资匮乏等生活上的种种困难，一个人承担起工程建设部文书管理、会务管理、值班、保密等诸多工作，而此后乌东德工程建设部所有的文员，都是在她的指导下一个个带出来的。

"她身兼多职，但总能把繁杂事情处理得有条不紊、严谨细致，而且马上就办，效率非常高，同事们都非常佩服她。"她的同事曾梅这样说。

同事眼中的龙海燕，没有豪言壮语，也没有耀眼的光环，但她有颗忠于水利事业、默默奉献的心。她在用实际行动书写着一名新时代建设者的担当精神。

平凡中见伟大，朴实中显担当。朴实是中国女性身上优秀的特质。她们不张扬，不浮夸，一步一个脚印，默默地承担着肩上的重任。

朴实的女人，她的魅力不需要依靠荣华富贵来衬托，而是从她的教养和内涵中一点一点地体现出来；朴实的女人从来都不做作，也不矫情，她们在任何情况下都不卑不亢，也不会随波逐流；朴实的女人独有的那份豁然大度，那份坦然恬静，都是让人无比欣赏的神韵。

朴实的女人如一杯清香缭绕的香茗，需要我们慢慢地去品味她的那份优雅，那份清醇。朴实的女人那一丝丝淡淡的雅致，那一份份暖暖的情怀，那一段段优美的梦境，都像一条潺潺的小溪，缓缓地慢慢地滋润着万物，会让你情不自禁地痴迷其中，却又不会让你沉沦，不会让你痴狂。即便如此，她的美，她的好，你却都能清清楚楚地感受得到。朴实的女人会让你如同置身

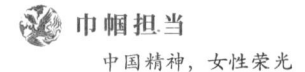

浩瀚的森林中，有一种返璞归真的淳朴，会让你不自觉间恋上她，不期然地陶醉其中。

朴实的女人会默默地沉浸在自己的那片心海，她们懂得从平凡中寻找美丽，从平淡中感悟深情；朴实的女人不喜欢大肆招摇，她们只是默默地奉献着自己，默默地努力拼搏，撒播一路的真情，也收获一路的希望。正是"待到山花烂漫时，她在丛中笑"，这大概就是朴实的女人所要追求的最高境界吧。

女作家毕淑敏在《素面朝天》文章中写道："素面朝天并不是美丽女人的专利，而是所有女人都可以选择的一种生存方式""自信并不与年龄成反比，就像自信并不与美丽成正比，勇气不是储存在脸庞里，而是掌握在自己手中"。自信的女人才敢于素面朝天，这样朴实的女人才最美丽。

庄子曾说："朴实而天下莫能与之争美"，朴实的女人不需要太多的修饰，她们自有一种"清水出芙蓉，天然去雕饰"的美丽。朴实的女人有一种摄人心魄的独特魅力，在不动声色之间会蕴涵着汹涌澎湃，一旦爆发出来，就会是一道亮丽的风景线，一份无法抵挡的魅力。

朴实的女人宁静如竹，深沉如水。朴实的女人从来不会在服装上面浪费太多，她们总是会选择适合自己的，而不是盲目地追随时髦和潮流。朴实的女人显得淡雅却不失层次感，她们不喜欢浓妆艳抹，她们或素面朝天，或淡雅如菊，自然而然地散发着自己那份独特的女人味。朴实的女人既会有小女人的可爱和娇嗔，也不缺少高贵和典雅。朴实的女人会用丰厚的文化知识来

第 一 章
最美不过巾帼色，你是人间四月天

丰富自己，对待别人和蔼亲切。朴实的女人在人际交往或者是学习工作中，都会有一份从容的神态和不俗的谈吐。

朴实的女人不会攀附他人，不会依靠别人来彰显自己，她们会依靠自己的能力和魅力稳稳地在社会上立足。朴实的女人在处理事情的时候干脆果断，她们的稳重和睿智，她们的宁静和善思，都是立足社会的扎实表现。朴实的女人务实不务虚，她们会踏踏实实地做事。朴实的女人聪明机敏会成就很多事业和荣誉，却总是淡泊名利，她们懂得洁身自好，懂得洒脱自在地享受生活的恩赐。

朴实的女人也会有自己小小的心事，她们用朴实无华的笔记本记录下自己的点点滴滴。朴实的女人会在自己的日记中记载下人生经历的很多事情，会记录下自己的快乐，会把自己的欢喜、悲愁写进自己的日记里。朴实的女人在自己的那一片小天地里，尽情地挥洒着自己，让自己每一天都开开心心、快快乐乐的。

有这样一个女人，被称为"中国的辛德勒"，她就是钱秀玲。

1912年，钱秀玲出生在江苏宜兴，其堂兄钱卓伦是国民党的陆军中将。钱秀玲家里的条件很好，生活很富裕，但是她却不娇气，更多的是显现出朴实无华的气质。她从小就立下志愿要用科学报效祖国，最大的理想就是能够成为科学家，去法国追随居里夫人。

钱秀玲17岁时到比利时著名的鲁汶大学学习化学。在校期间，漂亮热情的钱秀玲非常受欢迎,很多男生都特别喜欢她。后来,钱秀玲和学校医学系比自己大几岁的外国小伙子葛夏利互生爱慕,走到了一起。钱秀玲和葛夏利结婚以后,两个人在比利时的一个小镇居住了下来。

第二次世界大战爆发,钱秀玲辗转到了巴黎,去寻找居里夫人的原子科学研究所。只可惜,钱秀玲找到了居里夫人研究所的地址,却已不见了研究所。原来,当时为了摆脱德国纳粹党的破坏,居里夫人已经把实验室迁移到了美国。面对着那一座已经人去楼空的大楼,钱秀玲只好返回了比利时。

1940年5月,德国的军队攻占了比利时。在钱秀玲居住的艾海德姆小镇上,有一位参与抵抗运动的年轻人罗杰,冒着生命危险在德国军列通过的地段埋下了地雷,炸毁了德国军队的军列。

后来,事情败露了,有一个参与的人因为受不了德国纳粹的刑讯,把罗杰供了出来,罗杰被逮捕了,很快德国人便宣布判处罗杰绞刑。

当钱秀玲得知这一情况之后,不希望看到罗杰会有这么惨的下场,于是想尽各种办法帮助罗杰。在一次偶然的机会里,钱秀玲在报纸上看到了一个非常熟悉的名字:冯·法尔肯豪森。原来这位冯将军曾经到过中国,担任国民党的军事顾问,而且和钱秀玲的堂兄钱卓伦是好朋友,两人都很赏识对方,结为了莫逆之交。在钱秀玲启程赴比利时之前,堂兄钱卓伦曾经对她说过,如果遇到了什么困难的事情,就可以去找这位冯将军帮忙。

但是现在冯将军是德国驻比利时的最高指挥官,钱秀玲不确定现在的冯将军是不是还是以前的冯将军,是否会帮助自己。尽管有种种担心,但是钱

第 一 章
最美不过巾帼色，你是人间四月天

秀玲觉得救人如救火，于是冒着生命危险，慎重地给冯将军写了一封信，请求冯将军考虑到人道主义，能够免除罗杰的绞刑。

第二天一大早，钱秀玲便揣着信赶到布鲁塞尔。在经过千辛万苦之后，钱秀玲终于见到了冯将军，在表明自己的身份，并且说明自己此行的目的之后，冯将军犹豫了一下，然后说道，我会尽量想办法帮助你的，如果你以后有什么问题，可以随时来找我。几天之后，德国人免除了罗杰的绞刑，而钱秀玲救罗杰的事情传开之后，她成了比利时人心中的英雄。

1944年6月，比利时的地下抵抗组织杀死了三个德国的盖世太保，德国人开始疯狂地报复，逮捕了97个比利时青年男子，并要求当地居民要在一天之内把凶手交出来。不然的话，就会采取抓阄的方式，超过一天就处死15个人。

很多人找到了钱秀玲，她当时已经怀孕，最后挺着大胜子连夜坐车，在当时枪林弹雨的混乱中赶到布鲁塞尔。钱秀玲见到冯将军之后，还没等钱秀玲开口，冯将军便明白了她的来意。但是这一次事关重大，冯将军表示很难办到，但是钱秀玲没有放弃，一再地劝说冯将军。到了第三天，被逮捕的97个比利时青年都回到了家。

就是这样，在整个二战期间，谁也没有计算过钱秀玲到底找过多少次冯将军，也没有计算过钱秀玲一共救出了多少人。

二战结束之后，比利时政府为了表彰钱秀玲，特别授予她"国家英雄"的勋章，她所居住的艾克兴市的市民们为了感谢和铭记钱秀玲，把市中心的一条道路命名为"钱夫人路"。

二战期间一直在帮助钱秀玲的冯将军却被召回德国，被盖世太保抓了起来，然后准备上军事法庭接受审判。可是还没等到开始审判，德国却已经宣布投降了，于是，冯将军又作为战犯被移交给了盟军加以监管。到了1948年，冯将军被引渡到比利时。1950年，冯将军作为德国在比利时罪行的头号战犯接受审判，钱秀玲听到这个消息之后，又开始到处奔走呼吁，寻找之前自己救过的人一起为冯将军作证，证明冯将军从人道主义的立场上也做了不少力所能及的事情。当时钱秀玲还主动接受比利时当地媒体的采访，表示冯将军虽然是一个侵略者，但与此同时，他又从人道主义立场出发，竭尽所能地让很多比利时人免遭杀身之祸，对他的功过应该客观评价。钱秀玲还说道，自己因为在二战期间为比利时人做了一点事情，所以国家给予了她很高的荣誉，可是，可能有很多人都不知道，自己一介弱女子之所以能救助那么多人，恰恰是因为当时的冯将军从人道主义的立场做了很大的努力。

当法院开庭审判冯将军的时候，钱秀玲和几个被冯将军救过的人一起出庭为冯将军作证。最后，因为冯将军始终是德国侵占比利时的首领，对战争也有着不可推卸的责任，被判处有期徒刑12年。

后来，当记者来到钱秀玲家采访时，没有看到当年比利时政府发给她的"国家英雄"勋章，却听到钱秀玲平静地说道，那些东西早都不知道被儿子收拾到哪里去了。

每当大家无比崇敬地提起当年钱秀玲冒着生命危险救助了那么多人时，钱秀玲总是淡淡地说道，太久远了，我都忘记了，已经不记得了。钱秀玲在

第一章
最美不过巾帼色，你是人间四月天

战争结束之后一直不愿意接受采访，她想把这些事情连同那个扭曲的时代一起统统忘记。在钱秀玲的心里，记得的总是那些美好的东西，比如爱情，比如亲情。"朴实"这简单的两个字，已经深深地刻进了钱秀玲的心里，正是这份朴实和淡定陪着她一起经历风风雨雨，一起走过了半个多世纪。

朴实的女人或许不是美丽的花朵，但她会是意境幽深的茶叶，她朴素的颜色，她的淡淡醇香，她的味道，都有着自身的内涵。她的朴实无华会慢慢地蔓延，填满你的整个空间，让你仿佛看到了一座浓缩版的花园，让你慢慢地体味她的那份独有的魅力。

朴实的女人同样有着自己的酸甜苦辣，她们还有着丰富的内心，她们那美丽的心灵如同清晨晶莹的露珠，如同蓝天上飘浮的美丽白云，那是她们唱给自己的美妙的旋律。朴实的女人不喜欢争奇斗艳，不习惯哗众取宠，她们不需要用浓浓的脂粉修饰自己，她们自有自己的温柔和体贴，永远都会有一种一尘不染的靓丽。

在平凡中活出不平凡的人生

曾经有一位女性朋友说过:"身为女性,本身就是一种担当"。仔细品味这句话,说得确实有道理。在工作单位,女性要肩负工作的职责,要担当起属于自己的那一份责任;在家庭里,女性是妻子,是母亲,还是女儿,要承担经营家庭的那一份责任。不是每一位女性都有轰轰烈烈的人生,如何在平凡的日子里活出不平凡的人生,让自己拥有一颗平常心,同样体现了女性对生活的担当。

曾经有人用歌声"歌遏行云",艺术人生"德艺双馨"来评价关牧村,作为我国著名女中音歌唱家的她,对自己的人生概括确是:平常心是道,简单生活是福。在她看来,不要把自己当成什么,才是什么;要把自己当成什么了,就不是什么了。

演出中,她是观众眼中有着很高造诣的艺术家。回到家,在丈夫的眼里,她只是一个普通的妻子,最拿手的菜是牛尾萝卜汤和包饺子。在儿子的眼里,她是一位和蔼的母亲,当三八妇女节收到儿子的短信祝福时,她高兴极了。

第 一 章
最美不过巾帼色,你是人间四月天

她的业余生活就是读书,和朋友聊天、旅游,浏览名山大川,看《动物世界》。

因为拥有这一颗平常心,关牧村成功扮演着自己的不同的角色,艺术家、妻子、母亲,付出了更多的耐心和爱心,虽然付出很多,但是也收获很多。

每个女人都有自己的生活方式,作为拥有满意工作的职业女性,工作中安守自己的本分,辛勤敬业,那么就会很轻松的拥有一段愉快的人生。作为全职太太,在家中任劳任怨的忙碌,相夫教子,那么,她的家庭也会更加幸福美满。

经常听到有些女性朋友在抱怨,抱怨孩子不争气,考试又没拿到第一;抱怨老公没本事,还没到中年却仕途不佳;抱怨自己体型太胖,和时髦的服饰无缘;抱怨工作压力太大,每天累得喘不过气来;抱怨薪水太少,购物还要精打细算……

就这样,再美好的光阴也如瓷器般破碎在了无止境的抱怨里。不要等到一切完美无瑕时才懂得享受生活,让平常心洗涤我们的心灵,于平淡中找寻简单的快乐,何乐而不为。

《飘》的作者玛格丽特·米切尔曾经说过:"从你失去了名利开始,你就会知道名利这东西有多么的不重要,多么的沉重,才会知道真正的自由是什么。"

是的,在盛名之下,总是藏着一颗很疲惫的心,因为它只是为别人而活着。女人如果想要活得安稳,活得自在,活得幸福快乐,就应该拥有一颗平常心,用平常心面对一切名利和荣华富贵。这是一种中庸的处世心态,既不清心寡欲,也不声色犬马;既不自命清高,也不妄自菲薄;既不吹毛求疵,

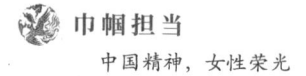

也不委曲求全。

她和她丈夫刚刚结婚的时候，生活很贫苦。那个时候的她，没有足够多的钱买新衣服，但她每天都穿得干净得体；那个时候的家，连几件像样的家具都没有，她却把家里收拾得干干净净。别人拥有的一切，她全然不放在眼里，没有嫉妒之心，只是静静地过着自己的生活。

这样过了十年。她和丈夫开了一家商店，生意很红火，他们的生活也比以前好了很多。她住进了100平方米的大房子，拥有了一辆属于自己的车，还有近百万元的存款。但是，她的打扮依旧很朴素，没有浓妆艳抹的化妆品，也没有金光闪闪的首饰。如果细细品味她的气质，那是一种别人不能及的风韵。她的家也没有很奢侈的室内装潢，只是非常简单，但看上去大方、雅致。别人在言语中表达出了对她的羡慕，可是她却总是微微一笑，说道："你也非常幸福。"

她虽是非常普通平凡的人，但她的人生一点也不乏味。因为她始终用一颗平常心看待生活，始终用一颗充满感恩的心感谢着生活所给予的一切。

谁也无法像佛家高僧那样进入一种无我的境界，但至少可以努力让自己心如止水、临危不惧、宠辱不惊。就好比故事中的这个平凡女人，过着艰难困苦的日子的时候并没有怨天尤人，等到过上富裕、让人羡慕的日子时也并没有得意忘形，始终以一颗平常心坦然处之。平常心不是"看破世间万物红尘"，也不是消极放纵，平常心是一种积极乐观的人生态度，是"不以物喜，不以己悲"的人生智慧，也是一种人生担当。

肆

逆向而行，在风雨中坚强开放

"妈妈，您放心，我是您坚强的后盾。我觉得，英雄真的不一定要做什么惊天动地的大事，像您这样，完成自己的工作，尽自己的义务，遇到危险能够有勇气，不退缩、不逃避，这样的人就是英雄。"

这封信是正在上六年级的北京女孩宣宣写给妈妈的。接到女儿的信，在湖北一线奋战了十几天的贾丽媛感慨万千，她在日记里写道：女儿懂事得让我心疼！宣宣，妈妈看到了你的成长、你的坚强。妈妈为你骄傲！

相隔千里，简练的文字见证了母女间无尽的思念。就在此刻，还有千千万万个妈妈坚守在一线与疫情战斗，还有万万千千个孩子在祈盼着妈妈平安归来。

安徽省支援湖北医疗队队员周国红在自己的防护服上写下了这样一段话：合肥四十五中陈彦然，在家好好写作业哦！加油加油！

3岁的女儿来到隔离点对妈妈说："亲爱的'万能妈妈'，我想您了，

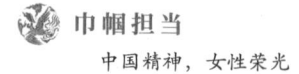

好想好想的那种……"

4岁的儿子想妈妈大哭,6岁的哥哥霸气开导:"你哭没用,妈妈也不能因为你哭就回来啊!世界上不是妈妈最辛苦,所有的人都辛苦。"

当13岁的双胞胎姐妹,隔着手机屏幕为远行的妈妈唱起这首《夜空中最亮的星》。此时,穿着防护服的妈妈就是孩子们心中那颗最美、最亮的星。

面对儿女温柔如水,直面病魔坚强似铁。生活中,她们是女儿、妻子、母亲,而在战"疫"前线,她们只有一个共同的身份——巾帼战士,以生命护佑生命,用离别守护团圆,在生与死之间,为人民筑起了一道坚固的防线。

星火微芒,汇聚成光。从战"疫"前线到生产一线,无数"巾帼战士"正用奉献与奋斗,她们的坚强和英雄气概,在抗击疫情的洪流中闪耀着别样的风采。

正如艾米·坦尼所说:"世界需要坚强的女性;需要帮助和建设他人的女性;需要爱和被爱的女性;需要勇敢生活的女性;需要温柔和智慧的女性;需要不屈不挠的女性。"

第一章
最美不过巾帼色,你是人间四月天

柔弱非本色,遇挫愈坚强

2008年汶川地震后的第9天,已经退役的著名短道速滑冠军杨扬和邓亚萍、高敏、谢军这4位奥运和世界冠军组成的特殊心理救援团第一时间奔赴灾区。这次经历让杨扬看到,运动对于孩子不单是身体上的需求,还会在精神上、意志品质上产生巨大影响。

2013年,杨扬创办了上海飞扬冰上运动中心。问及她创办运动中心的初衷,杨扬告诉大家,她自己8岁开始这项运动,23年的运动生涯,不单最后赢得了那些冠军和荣誉,更重要的是教会了她敢于面对困难、解决问题、团结队友、勇于承担责任。相信这些品质对每个孩子成长都是很重要的,我们要为孩子们提供这样的机会,教会他们无惧挑战、坚强勇敢的担当精神。

坚强勇敢,不被挫折和失败打到正是担当精神的内核。一个能够在困境中克服恐惧,勇往直前的人,才能不负担当,坚强地追逐自己的目标。

在人生的旅途上,能够顺顺利利一帆风顺的女人极少,对绝大多数女人来说,曲折、坎坷、磨难、困境多于坦途、顺利和成功。如果不能正视挫折、克服坎坷，终日在压抑、怨愤的心境中长吁短叹，时间长了就会越来越悲观消沉，身心疲劳，从而影响你的发展。

在困境中，不应放大痛苦与挫折。擦一擦头上的汗水，拭一拭眼中欲滴的泪花，坦然地笑一笑，面对困难继续前进吧！相信总有一天你会走出困境，那时迎接你的将是美好的大千世界，怡人的花花草草，还有挂在你嘴角边甜甜的微笑……

在人的一生中失误是不可避免的，但必须认清失误的本质——失误者要清楚自己失误在哪里，而不能对自己的失误一无所知。

我们更不能害怕失误，因为恐惧不可能使一个人避开失误。

惧怕失误往往是女性常有的一种心理，也许自孩童时期起，就会有人向你灌输这种观念。如果不能正确克服这种恐惧感，那么失误也许将会与你终生相伴了。

其实，对我们来说世界上并不存在失误，看到这一说法，你可能会惊讶。所谓失误，只不过是别人对你做某件事所表达的看法。所以，你根本没有必要事事都按照别人的看法去做。只要向着你心里的目标，不断努力，那么失误就只不过是为最终获取成功的一次次尝试罢了。

有时，我们会遇到这样一种情形：你详细设计完成了某一任务的计划，然而却由于种种原因，使你无论怎样努力都无法实现。在这种情况下，千万不要将此事与自我价值等同起来，你只是没有完成某一件具体的任务，但这并不等于你整个人都失败了。你只不过是在某一段时间内没有成功，你还可

第 一 章
最美不过巾帼色，你是人间四月天

以不断探索新的途径，积极尝试新的方法，直到最后获得成功。

托尔斯泰曾经说过："想象中的恐怖要比现实中的恐怖厉害得多。"

知道反向思维吗？

有些时候，正面思维无法突破，反过来想一想也许能取得意想不到的效果。

同样的，有时故意从不好的角度想想自己，也许能够对自己了解得更清楚、更透彻。

总之，世间没有绝对的事物，所有的好与坏，得与失，快乐与痛苦，都是相生相克的孪生体，经常相互转换。只不过是何者为显现，何者是隐影而已。

林玲是某校的田径选手，常常代表学校参加各种比赛。

在一次全国性比赛中，她参加了4×200米接力赛，负责最重要的第一棒。

她拼命告诉自己，一定要建立领先优势，夺取胜利；而教练也叮嘱她务必发挥出最好水平，为第二棒队友创造获胜的先机。

林玲了解教练对她的期望，知道如果第一棒不能领先，跑第二棒的同学就有可能被其他选手挡住，不能及时起跑，那将会导致他们损失十分之一秒的时间，而这十分之一秒，常常是取胜的关键。

尽管教练、同学，包括她自己，都有足够的信心取得胜利，但仍有种隐忧悄悄升起。林玲知道自己是第一跑道，基于好奇，她侧头看了一眼邻近跑道的选手，结果当她发现站在起跑点的选手是X校最优秀的王玉梅时，不觉

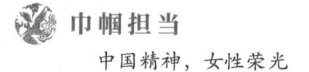
巾帼担当
中国精神，女性荣光

倒抽了一口冷气。

王玉梅是短跑好手，林玲曾在一百米的赛道上败在她手里，而如今赛程长，她又身负重任，林玲对自己能否胜过对方毫无把握。

她越来越觉得信心大失，就在她开始沮丧得想哭、想退出的时候，王玉梅走了过来，向她伸出看似友善的手，握手的时候，她信心满怀地看着林玲，调侃地说：

"我先到终点等你啊！待会见。"

林玲原本就脆弱，再加上这番话，她顿时感觉全身的力量好像都在远离自己，剩下的只有无边无际的愤怒和软弱的身体。

她用尽力量支撑身体，在思想的挣扎中，她猛地想起教练说的一句话：

"若是别人想以心理优势打击你，千万别让她们如愿。"

林玲这时恍若一个将沉的溺水者终于看到了一个救生圈，她使自己逐渐地平静、稳定，不断地积蓄力量。

随着发令枪声响起，王玉梅果然一马当先。场上所有选手都落在王玉梅后面，仿佛她就是第一名，而所有的人只有争取第二名的资格，林玲也以为自己只能第二个将接力棒交给队友，便将全部精神都集中在取得第二上。林玲事后回想起比赛说："若赛程只有100米，也许我真的只能拿第二了"，但是，在最后冲刺的时候，跑在最前面的王玉梅好像突然间变得越来越慢了。

这时，林玲以全速加快向前飞奔，终于超越了王玉梅，第一个将接力棒交到队友手中，当林玲越过她时，只听见她在挣扎喘气，她甚至快要停下来了。

用田径场上的术语形容,就是她"烧尽"了。

比赛后,林玲已经不记得王玉梅当天的名次了,只清楚记得自己在终点线上等她的笑脸。

经过这件事,让我们明白了一个道理,即使拥有傲人的才华,要想获得最后胜利,也必须以稳健的步伐不断地跑完整个比赛;即使你落后100米,你仍然有可能在终点处等她。而每一次预计的成功当中,总是隐含着各种各样失败的小因子;同样,在失败里,可能也埋藏着成功的契机。世间的事就是这样,没有"绝对"的定律,只有"相对"的变化。

人生处处充满了挑战,而每一次挑战都是一次机遇,我们要时刻准备迎接每一次挑战,这样才不会失去可贵的机遇。没有什么困难是不能战胜的,只要你拥有坚定的信念、不变的决心,一路坚持下去,就一定能够到达成功的彼岸。

台湾的罗兰女士曾说过:"人人都有软弱的时候,只看她有没有方法使自己突破这种低潮,努力改变现状。假如你有力量,够坚强,能够战胜困难,就会发现总有峰回路转的时候。"

一直以来,很多人都认为坚强是男人独有的品质,至于女人嘛,既没有坚强,更不需要坚强。其实不然,坚强不是男人独有的,在我们的生活中就有很多很多坚强的女性,她们用自己的坚强展现着自己的担当精神。

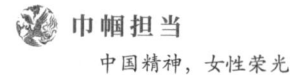

中国精神，女性荣光

钱钟书先生的夫人杨绛女士就是一位有担当的坚强女人。

抗战时期是钱钟书杨绛夫妇最困难的一段时期。两个人在沦陷的上海生活，杨绛在一所小学教书，业余时间写一些话剧，如《称心如意》《弄假成真》《游戏人间》等，这些话剧在上演之后非常成功，就这样一下子变成了名人。

杨绛即便是一个大名人，但是家里的一切她都要操持，烧火劈柴，做饭洗衣，有时候会被烟火熏得满脸泪水，有时切菜不小心切破了手指，有时做菜又被滚烫的油烫出一个大泡。

女儿的身体不好，除了照顾女儿生活，同时杨绛还要辅导女儿的功课……就这样，为了自己的家庭，杨绛默默地操持着一切，就算是再苦再累，她也会把每一件事情都做好。

到了解放战争末期，钱钟书杨绛夫妇没有听从朋友的劝告，没有去朋友帮着安排好的国外待遇优厚的工作岗位，他们舍不得离开自己生活了这么多年的祖国。最后，他们一起回到了母校清华大学，在那里担任教学工作。

"文革"时期，钱钟书杨绛夫妇俩被下放劳动，吃了很多的苦。当时，杨绛的工作就是打扫两个女厕所。杨绛扫厕所的时候，自己准备好了小刀、小铲子，而且还用竹筷和木条扎了一个小拖把，然后再带上肥皂、去污粉以及盆子，仔细地把每一处都擦得干干净净。原本的脏厕所焕然一新，每一个来如厕的女同志都非常惊讶，并且对杨绛心生敬重。但是，也有人批评杨绛"人性论""人道主义"，但是杨绛从来不会太在意，因为她深信，人性确实是存在的，人道主义永远是温暖的主义。

第 一 章
最美不过巾帼色,你是人间四月天

杨绛写过一篇文章《乌云和金边》,在文中写道:在"文革"期间,有很多的监管人员其实是"披着狼皮的羊",他们对很多受管制的人,时不时地就会说出一些人性的语言。这时候,已经失去人身自由的杨绛,每每听到这些话语,心中都甚觉安慰,满怀感激之情。杨绛说,同情和友爱的人性永远都不会泯灭的,乌云也不会永远都占领着天空的,永不磨灭的则是那道满含光和热的金边。

1997年,杨绛最爱的独生女儿钱瑗因病去世,第二年,和杨绛相濡以沫六十多年的老伴钱钟书又撒手人寰,两个最亲的人相继过世是对杨绛很大的打击,有人担心她无法承受。

但是,杨绛却显得很坚强,她没有从此消沉,而是选择了重新出发。坚强的杨绛说道,她要去做一件自己力所能及的事情,把自己全部的精力都投入进去,以忘掉自己的伤痛。她找到了一本可以让自己逃避伤痛的书——柏拉图的《斐多篇》,她决定要把这本书翻译成中文版本。

《斐多篇》这本书讲述的是伟大的苏格拉底在慷慨就义之前,在雅典的监狱中和门徒们的谈话内容。书中的内容涉及了灵魂离开肉体的独立存在问题,也就是精神不死的问题。这本书探讨的是哲学问题,这并不是杨绛的专业,《斐多篇》是希腊文,她不认识希腊文,要做好这件事情对她来说难度很大。

但是,杨绛并没有放弃,她找来了《斐多篇》的英文译本和希腊原文对照本,再参考英文、法文等多种对《斐多篇》的注解和评论,再三予以校改。杨绛在翻译的过程中,为了让整本书通达流畅,尽量不使用很多哲学术语,

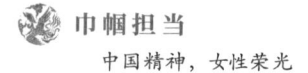

中国精神，女性荣光

而是用一些戏剧性的、生动的对话来予以呈现。《斐多篇》的中文译本出版之后，杨绛身边的朋友们和读者们都知道了，坚强的杨绛没有被生活中接踵而至的打击所击倒，没有因此而对生活失去自信，更没有因此而封笔。

生活岂能一帆风顺，每个人的生活中总会遇到这样那样的不如意甚或挫折。对于每一个女人来说，面对生活的磨难坚强以对，就犹如倔强的在岩石上生根发芽的小花，在平静无波的湖面泛起的美丽浪花，会对未来无论怎样艰难的生活都抱有很大希望的自信。

坚强的女人是伟大的，她们非常真诚而且宽容大度，包容和豁达就是她们最宽广的胸襟。坚强的女人就像是默默奉献的母亲们，她们宁愿自己受点委屈，宁愿自己满含辛酸，宁愿自己承受伤痛，即便是生活再苦再累，她们也会为自己的家人撑起一片充满爱的天空。

郑小英是一棵活跃在世界乐坛的常青树，她用自己的坚强向大家展现着一份特有的魅力。舞台上的郑小英魅力无限，但是舞台下的她却承受了很多的压力，先是婚姻的失败，然后癌症又汹汹来袭，但是她没有倒下，她坚强地走出了婚姻失败的阴影，顽强地与病魔一次次地抗争。坚强的她战胜了一切磨难，再一次潇洒自信地站在了舞台上，再一次散发着自己的光和热。

每一次看到郑小英笑容满面、意气风发地站在舞台上的时候，她的从容，她的镇定，她的执着，她的矍铄精神，她的雍容气度，这一切都很难让人想象到在她的背后曾经经历过那么多的艰难，更很难把这一切与她已经八十岁高龄的年龄相挂钩。郑小英说过，一个女人可以什么都没有，但是却不能没有工作。因为当你什么都没有了的时候，你至少还有你的工作。郑小英让我们深切地感受到了当今女性自强自立、笑对磨难的坚强之美。

不管是挫折也罢，不管是磨难也罢，是坚强磨炼了女人的性格，是坚强让女人赢得了自己的自尊，是坚强让女人永远魅力十足。

坚强的女人不惧怕生活的苦难，不害怕别人的误解，不惧怕生活中的风风雨雨，不会害怕世事的变迁，也不会害怕深深的孤独和寂寞。坚强的女人会在生活的挫折和磨难中不断地锻炼自己，不断地挑战自己，让自己得到更大的发展，变得更加强大更加完美。

坚强的女人不会随便说放弃，不会向生活屈服和低头，她们拥有百折不挠的坚强品格。坚强的女人像在秋霜中傲然挺立的秋菊，又像是不惧寒风冬雪依然怒放的梅花，也像是雪域高原上昂首挺立的雪莲。

一次灾难,一次坚强

一位大学者说过:"苦难是一所学校,真理在里面总是变得强有力。"还有人说过:"一次灾难,一次坚强。"这两句话对于女人来说同样适用。因此,在面对挫折和不幸时,请忍住眼泪,停止悲伤。要记住,在人漫长的一生中,正是这些挫折和不幸磨砺出了我们坚强的意志,锤炼出了我们的担当精神。失败和困境并不可怕,可怕的是你没有勇气去面对,没有信心去战斗。

要明白,一时的失败与挫折并不是让人脸红的事情。我们所该做的,也能做好的就是加油,加油,再加油。

一位屡屡失意的年轻人不远万里来到一座名刹,慕名寻到老僧慧圆,沮丧地对他说:"人生总不如意,活着也是苟且,有什么意思呢?"

慧圆静静地听着年轻人的抱怨与牢骚,转头对小和尚说:"为这位远道而来的施主送一壶温开水来。"

少顷,小和尚送来了一壶温水,慧圆抓了茶叶放进杯子里,然后用温水

第 一 章
最美不过巾帼色,你是人间四月天

沏了,放在茶几上,微笑着请年轻人喝茶。杯子冒出微微的水汽,茶叶静静地浮着。年轻人非常纳闷地问:"高僧为何用温水来泡茶?"

慧圆只是笑了笑,没有说话,年轻人喝一口细品,不由摇摇头:"一点儿茶香都没有。"慧圆说:"你再尝尝,这可是上好的铁观音。"年轻人疑惑着又尝了一口,肯定地回答:"没错,确实没有茶的香味。"

慧圆转头又对小和尚说:"烧一壶沸水送来。"不久,沸水送来了,慧圆起身,又取过一个杯子,放进茶叶,倒沸水,再放在茶几上。年轻人俯首看去,茶叶在杯子里上下沉浮,丝丝清香不绝如缕,让人望而生津。

年轻人欲去端杯,慧圆作势挡开,又提起水壶注入一线沸水。茶叶翻腾得更厉害了,一缕更醇厚、更醉人的茶香袅袅升腾,在禅房里弥漫开来。慧圆如是注了六次水,杯子终于满了,那绿绿的一杯茶水,端在手上清香扑鼻,入口沁人心脾。

慧圆笑着问:"施主可明白,同是铁观音,为什么茶味迥异?"

年轻人思忖着说:"一杯用温水,一杯用沸水,冲沏的水不同。"

慧圆点头说:"用水不同,则茶叶的沉浮就不一样。温水沏茶,茶叶轻浮水上,怎会散发清香?沸水沏茶,反复几次,茶叶沉沉浮浮,最后释放出四季的风韵:既有春的幽静、夏的炽热,又有秋的丰盈和冬的清冽。世间芸芸众生,又何尝不是沉浮的茶叶呢?那些不经风雨的人,就像温水沏的茶叶,只在生活表面漂浮,根本浸泡不出生命的芳香;那些栉风沐雨的人,如同被沸水冲沏的茶,在沧桑岁月里几度沉浮,才有那沁人心脾的清香。"

人生路漫漫，充满了鲜花，也充满了荆棘；充满了幸福，也充满了痛苦。

不测是时时刻刻都存在的，学业的失意、疾病的折磨、自信的受损、亲人离去的悲痛……我们在踏上人生路途的时候就该明白前途的坎坷。要接受温润的春和赤烈的夏，就必须接受清冷的秋和寒冽的冬，正像茶叶一样，我们要坚强面对沉浮，让生命散发芳香……

世间很多事情都是难以预料的，亲人的离去，生意的失败，失恋，失业……打破了我们原本平静的生活，以后的路究竟应该怎么走？我们应当从哪里起步，这些灰暗的影子一直笼罩在我们的头上，让我们裹足不前。

难道生活真的就这么难吗？日子真的就暗无天日吗？其实，并不是这样的。在这个世界上，为何有的人活得轻松，而有的人却活得沉重？因为前者拿得起，放得下；后者是拿得起，却放不下。很多人在受到伤害之后，一蹶不振，在伤痛的海洋里沉沦。只得到而不失去的事情是不可能有的，而一个人在失去之后，就对未来丧失信心和希望，又怎么能在失去之后奋发图强呢？人生又怎能过得快乐幸福呢？

生活中有各种各样我们想不到的事情，其实这些事情本身并不可怕，可怕的是我们无法从这件事情所造成的影响中抽身出来，尽早地以最新、最好的状态投入到下一件事情中去，哪怕我们现在身无分文，但我们可以从身无分文起步，一点一滴地打拼。磨砺到了，腾飞的翅膀就会变得坚硬，也就能够翱翔于天地之间了。

第二章

岁不寒,无以知松柏

事不难,无以知女人

皇灵

《梅花赞》

你是冰雪世界的精灵,

盛开在凄冷的节令。

凛冽的寒风,

将你凝练成朵朵血红,

点缀在胭脂殆尽的隆冬。

刚直倔强的性情,

呈现你旷世的绝艳;

冰雪般洁净的品格,

造就了你高雅淡然的心灵。

你是傲然挺立的奇葩,

你是风雪中绽开的生命。

壹

柔肩撑起一片天，谁说红颜不丈夫

"中国人总是被他们之中最勇敢的人保护得很好。"

在这次全民抗击新冠肺炎的过程中，基辛格在《论中国》中的这句名言总是被反复引用。

这些日子，我们既看到了铁骨铮铮的钢铁男儿，也惊喜地看到了越来越多勇敢无畏的女性，冲在抗疫最前线。

无论是医护一线，工地现场，还是城市角落，处处可见她们的身影。她们是曾经被认为需要"被保护"的对象，如今成了"保护"大家的人。

广东医疗队护士朱海秀，这位1997年出生的年轻女孩。一路小跑着带患者去病房的她，自豪地告诉记者，我练过100米！可活泼的她，面对记者举起的镜头时，却拒绝了。

她说，来这没几天，就被父母知道了，那是我22年来第一次看我爸哭。

人们说她们是白衣天使，其实她们也还只是孩子。只是学着前辈的样子和病魔战斗到底。为了防止污染，她们第一次将齐肩长发剃成锅盖头；为了

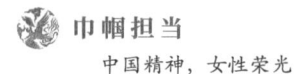

节约时间节省防护服,她们第一次穿上成人尿不湿;连续超负荷工作,她们第一次开发了坐着睡着的新技能……

也许她们不是最强壮的,可谁也无法质疑她们的勇气!

每一个挡在患者面前,和死神对抗的她们,都如钢铁般坚强。

……

感谢每一位在抗疫斗争中逆向前行的女英雄!

致敬每一位在关键时刻勇敢前行的中国女性!

第 二 章

岁不寒，无以知松柏；事不难，无以知女人

担当的勇气来自坚定的信念

女性的勇气、勇敢来自一种坚定的信念，在漫漫人生路途中，因为有了坚定的信念，女性们才会勇敢地去担当重任。

当她们在悸动和胆怯中徘徊的时候，当她们在现实和幻想中迷失的时候，因为勇敢，因为有一份勇气，才让她们充分地肯定了自己，勇敢地迈出了超越的一步。因为事业而承受勇气的女性也是坚强的，是伟大的，她们总是在人生旅途的冰冷和黑暗当中前行，即便是一次又一次地跌倒，她们也会一次又一次地爬起来。

她们不在乎自己是怎样的感受，也不在乎明天究竟会怎样，她们在乎的只是内心的那一份坚定的信念。

在北京奥运会火炬全球传递的过程中，金晶用她的勇气保卫了神圣的奥林匹克精神，受到了全世界人们的赞扬。

金晶出生在安徽省合肥市，在小学三年级时，金晶的脚踝处长了一个恶性肿瘤，无奈之下为了保住她的生命，家人在上海给她做了截肢手术。在做完截肢手术之后，还要进行一年的化疗。

化疗特别痛苦，金晶每次化疗结束回家之后，爸妈都要把家里的地板擦得干净，因为化疗后痛苦的金晶全身痉挛，根本没有办法在床上待着，只能是疼得在地板上滚来滚去，一边喝水一边吐。

化疗带来的痛苦，一些成年人也无法忍受，可是金晶硬是咬着牙坚持了下来。

在金晶奇迹般地恢复身体健康之后，她又回到了学校继续读书，一开始的时候是爸爸每天负责接送金晶上学，一年之后，金晶学会了自己一个人拄着拐杖去上学，即便是大雪天也不例外。

在回到学校之后，坚强而又乐观的金晶还开始学着用一只脚跳着打乒乓球、羽毛球等，有时候用力过大或者不小心的话会把右腿上残肢的骨头撞碎，但是她总是默默承受，从来不会喊痛。

在教室里走路，金晶怕拄着拐杖会妨碍同学们，便开始学着用一条腿跳着走路。一次下课的时候，金晶从讲台上跳下来，一不小心重重地摔在了地上，右腿的残肢撞在了地上，疼得金晶当时一动也动不了了。同学们发现之后，赶紧把金晶扶到座位上去，按照金晶的性格，她是不愿意别人帮助的。但当时腿部的剧痛让她根本就没有办法移动一点儿，她不忍拒绝同学们的好意，便强忍着钻心的疼痛被同学们扶到了座位上，一声痛也没叫，就这样，一直到放学的时候，忍着疼的金晶都没有在座位上移动过一次。等到放学的时候，

第 二 章
岁不寒，无以知松柏；事不难，无以知女人

看到来接自己回家的爸爸，金晶的眼泪再也忍不住了。后来，爸爸带金晶到医院做了一次检查，才发现右腿上残肢的骨头碎了一部分，在后面还形成了一个囊肿。

初中毕业的金晶，跟随父亲到了上海，进入了一所中专学校学习计算机，毕业之后，金晶到了一个酒店做总机工作。

2001年，一个偶然的机会，命运女神降临到了这位勇敢的女孩身上。

上海残疾人体育训练中心的一位教练在听到金晶的故事后，就问金晶愿不愿意加入轮椅击剑队，勇敢的金晶很高兴地答应了。

就这样，金晶成为一名轮椅击剑队员。当时的训练特别辛苦，每一次训练结束之后，金晶都是浑身青一块紫一块地回到家里。在队里参加训练的时候，有一次，金晶还不小心刺到了自己右腿残肢的骨头上，疼得她眼泪立刻就流了下来，也是因为这次意外，金晶的腿上又长了两个囊肿。

凭着自己的辛苦和努力，金晶一路从上海队进入了国家队，先后获得了多枚奖牌。2002年7月，金晶第一次参加波兰华沙的世界杯比赛，取得重剑个人第八；2002年10月，金晶在韩国釜山远南运动会上取得重剑个人银牌的好成绩，并且和队友们一起摘取了花剑重剑团体的铜牌；2003年7月，在南京的全国运动会上，金晶摘取了重剑个人的铜牌，并且和队友们一起取得了花剑重剑团体的银牌；2003年11月，在新西兰的世界轮椅锦标赛上，金晶摘取了重剑个人的铜牌；2005年7月，在南京的全国击剑锦标赛上，金晶摘取了花剑个人的铜牌；2005年12月，在香港的世界杯上，金晶取得了花

剑重剑个人第五名的好成绩。

没能参加2004年的雅典奥运会，让金晶十分遗憾，一度消沉了两个月。后来的2008年北京奥运会选拔赛时，金晶又因为状态不好再一次失之交臂。但是，能够参与到北京奥运会中去，是金晶最大的心愿，所以她勇敢报名参加了奥运会火炬手的选拔。金晶觉得这样一来是让自己更加有动力，能够让自己把奥运梦想坚持下去；二来自己作为一名轮椅击剑运动员，参加这样的活动，也能够在一定程度上激励那些需要用轮椅辅助的人群，用自己的微笑和行动温暖他们的心，激发他们对生活的希望，让他们变得更加乐观。

在选拔决赛过程中，金晶的脸上始终带着迷人的笑容。对于记者的采访，金晶没有太多地提到自己作为一名轮椅击剑运动员，在训练过程中受到的伤痛，只是轻轻松松地说，既然自己喜欢就要付出代价。当时负责转播的中央电视台的导演非常感动地说，如果金晶最后没有被选为火炬手的话，我们整个摄制组的人都会特别难过，都会难过得吃不下饭去的。最后金晶成功了，她成功地成为一名奥运会火炬手，而且是境外火炬手。

在金晶赶赴法国巴黎参加奥运火炬短接力之前，这位坚强的姑娘又遭到了一次打击，她被自己的单位以"合同到期"为由解雇了。金晶的一位朋友说，金晶以前在酒店做了两年半的接线员，后来大概是因为要备战奥运会，经常要参加训练和比赛，所以耽误了工作，单位不是很满意吧。但是对于这些事情，金晶从来都没有过一丝的抱怨。

在法国巴黎传递火炬的过程中，当有人想要从金晶的手里把火炬抢过来，

第 二 章
岁不寒，无以知松柏；事不难，无以知女人

破坏奥运火炬接力的时候，金晶坚决地用自己柔弱的身躯护卫着火炬，一开始那个人想要抢火炬的时候都被金晶躲开了，后来几个人看到金晶是一个残疾的弱女子，身边保护的人也少，便一起冲到了金晶面前想要抢夺火炬，金晶毫不犹豫地弯下了腰护着火炬，身边的工作人员也赶紧上前保护她。尽管如此，金晶的脸上还是被暴徒抓伤了，下巴上也被暴徒们抠得直流血。

事情过去后，记者采访金晶为何当时那么勇敢，金晶说自己当时心里的念头特别简单，就是坚定地认为奥运火炬是代表了奥林匹克的理想，是代表了全人类的美好愿望。能够参与到奥运圣火的传递中是自己的梦想，只要火炬是在自己的手里，谁也不能把它抢走。

勇敢和坚定的信念支撑着金晶顺利地完成了奥运火炬的传递，并且将会支撑着她走好自己未来的每一步。即便是丢掉了工作，金晶也没有太多的抱怨，而是依然坚强乐观地面对生活，金晶说她最喜欢玛格丽特·米切尔的小说《飘》中最后的一句话："明天又是新的一天"。

有这样一种力量，它能够激发女性们体内隐藏已久的胆识和智慧，能够让女性在事业上巾帼不让须眉；有这样一种力量，它能够让女性置眼前的一切困境于不顾，让不可能最后变为可能。这种力量，就是勇气的力量。

记得有人说过，要想把自己的理想变成现实，勇气是必不可少的。事实确实如此，无论是在报纸上还是在电视上，我们都看到过很多很多传奇般的人物故事，他们凭着自己的勇气克服一切困难，最终取得胜利的事迹，总是

中国精神，女性荣光

会激发人们无限的斗志。

曾经被《商业周刊》评为"亚洲风云人物"的中国商界传奇女子吴士宏，就是凭借自己的勇气在商界取得了巨大的成功。

吴士宏原本是一家医院普通的一名医护人员，后来她凭着自己的努力，自学通过了高等教育自学英语考试，并且取得了大专学历。1985年7月，她通过面试进入了IBM公司，从一位普通的职员开始，通过一步步的努力，历任大客户销售代表、销售经理等。1998年2月，吴士宏受聘为微软中国公司的总经理，1999年8月从微软中国公司辞职。1999年12月加入了TCL集团任有限公司常务董事副总裁、TCL信息产业（集团）有限公司总经理。2007年7月，吴士宏被任命为独立非执行董事及审核委员会及薪酬委员会之成员。

吴士宏从一名普通的医护人员，成长为商界叱咤风云的人物，绝对是创造了一个神话。

不过在吴士宏骄傲而风光的成功背后，也有着很多不为人知的经历。吴士宏出生在北京的一个普通家庭，具有满蒙汉三个民族的血统。在吴士宏小的时候，一家人一直是在贫穷和困苦中度过的。吴士宏尚在童年时，父亲母亲便因为某种原因而离婚了，吴士宏判给了母亲，从此她就跟着母亲一起生活。虽然在这之后，吴士宏和父亲见面的机会很少，但是在吴士宏的骨子里和父亲是一脉相承的，每一次看到父亲独自一个人孤零零地走向他仅仅只有5平方米的小房间时，那种痛楚和力量就交织在一起，催促着吴士宏一定要努力

第 二 章
岁不寒，无以知松柏；事不难，无以知女人

奋发，取得更大的成就。也就是从那时开始，小小的吴士宏便立下了一个大大的梦想，那就是要挣钱为父亲买一套房子。

后来，因为父母问题，吴士宏被迫辍学了。年仅16岁的吴士宏便来到了北京市宣武区的椿树医院做了一名普通的医护人员。即便如此，无情的命运还是没有放过她。21岁那年，吴士宏病倒了，她在床上一躺就是四年。她患了严重的贫血症，病情最严重的时候血色素只有3克，更可怕的是，医院方面一直也没有检查出来吴士宏的病因。在这4年的时间里，吴士宏三次被报病危。但是，吴士宏的生命是非常勇敢和顽强的，在和病魔搏击之后，她还是坚强地活着。当时，吴士宏就想到，如果再被报一次病危单子，自己恐怕就真的成了"行尸走肉如标本一般的生命"了。那时候的吴士宏特别不忍心看到因为自己而把自己所在的医院拖垮了，因为那时候贫血严重的吴士宏每一天都要注入两大筒鲜血，吴士宏知道，这会是多少人的生命源泉啊。

幸运的是，那场始终没有查出结果的大病莫名而来又莫名而去，吴士宏神奇的痊愈了。出院之后，吴士宏不禁深深地感慨，自己总算是捡回来了一条命啊。这个时候，吴士宏除了继续好好地休养自己不断恢复的身体之外，家里已经是一无所有，她那场莫名其妙地得了四年的大病已经花光了家里所有的积蓄。

当时，吴士宏对自己特别不满意，决定要好好奋发努力。同时吴士宏也非常感谢在自己生病期间从来没有想过抛弃过自己的亲人和医院的领导，这时候的吴士宏唯一能够做的就是要好好工作，报答亲人和领导的一片恩情。

就这样，凭着自己的勇敢和努力，吴士宏仅仅用了一年半的时间，便通过自学取得了高考英语专科的文凭。这时的吴士宏又有了新的想法，她想换一个能够天天跟健健康康的人打交道的工作，一来是因为她想每一天都能够看到健康人那张朝气蓬勃的脸；二来当时的医护工作赚钱比较少，她想换一个工资高一点的工作，能够多赚一些钱补贴家用，也能够让父亲母亲过上好一点的日子。

怀揣着对未来生活的美好期望，吴士宏鼓足勇气来到了 IBM 应聘工作。当时还只是一个小护士的吴士宏，英文都是自己跟着别人一点一点学的，而大部分到 IBM 去应聘的人都是名牌大学的毕业生，还有的是从美国哈佛大学毕业归来的高才生。由此不难想象，这样的情况对于当时只有初中毕业水平的吴士宏来说是多大的挑战，如果没有坚定的信念，如果没有勇气的支撑，别说是应聘 IBM 的工作了，恐怕连想都不敢去想的。

当吴士宏站在 IBM 的面试地点——长城饭店的玻璃转门外面的时候，也曾有过一些顾虑，也曾有过片刻的犹豫，但还是鼓起勇气决定参加这一次"不可能得到"的工作的面试机会。当时，吴士宏因为不知道应该如何从玻璃转门走进去，她便用 5 分钟的时间仔细地观察其他人是怎样从容地走进那扇神奇的大门的。等到看得差不多，吴士宏便用从容的姿态自信地走向了那扇大门。吴士宏顺利地通过了开始的两轮笔试和一次口试，终于到了最终面试，面试的时候也一直都很顺利。面试的最后，主考官问到吴士宏："你会不会打字啊？"

第 二 章
岁不寒，无以知松柏；事不难，无以知女人

吴士宏条件反射般地迅速回答道："会！"实际上，当时的吴士宏，别说是打字了，就算是打字机她也从来没有摸过。

主考官又紧接着问道："那么，你一分钟能够打多少字呢？"

吴士宏不慌不忙地反问道："请问，你们的要求是多少呢？"

主考官便说了一个数字，吴士宏马上答道："当然没问题。"不过这时候，有些心虚的吴士宏还是偷偷地瞄了一下整个考场，好在并没有打字机，这让吴士宏心里长长地舒了一口气。果然，如吴士宏所愿，主考官并没有现场考吴士宏的打字速度，而是说下一次再考打字。

面试结束之后，吴士宏急急忙忙地回到了家里，找到亲友借了170元钱去买了一台打字机，开始没日没夜地练习起打字来。就这样敲打了一个星期，一直累到连吃饭都拿不住筷子。最终，吴士宏竟然奇迹般地达到了主考官说的那个标准。

就这样，凭着满腔的勇气和自信，吴士宏踏进了IBM的大门，开始了她的传奇人生。

靠着坚定的勇气支撑着她一步步迈入辉煌，看到平凡却又勇敢的吴士宏取得的辉煌成就，此情此景，我们又如何不感慨万千呢。

从吴士宏的事例中，我们更可以看到勇气在成功面前所起到的巨大作用，是勇气给我们带来了各种机遇。如果一开始，只有初中学历的吴士宏也像别人一样，一听到IBM应聘工作的大部分都是名牌大学出来的佼佼者时，就退

缩不前,就失去了勇气。那么,别说是成为 IBM 的一名员工了,恐怕就是连面试的机会都不会得到的。

  生命的意义和辉煌灿烂的人生历程,都是在勇气的支撑下完成的。不管人生路上会遇到多少困难曲折,勇敢的女性都会大踏步地迈过去。勇敢的女性,会有足够的自信笑对生活中的重重困难和挫折;勇敢的女性,她们身上会有一种神奇的力量,这种力量不但能够激励人心,还会鼓舞着她们努力地把人生的不可能变成可能。

第二章
岁不寒,无以知松柏;事不难,无以知女人

真正勇敢的人,是敢于担当的人

风雨来袭时,女人要像男人一样奔跑,带领自己穿越厄运的海洋。生活中有些时候,女人如果自己不勇敢,没人会替你坚强,该坚强的时候,纵使咬紧牙关,也要挺过去,因为她们肩上有各自的担当。

为了和他在一起,她不顾父母的反对,甚至被父母赶出了家门。结婚那天,父母没有出席,她含着眼泪嫁了,只因不愿为了物质而错过生命中的挚爱。婚后第二年,孩子出生了,父母依然不允许她和爱人一起回家。

直到那一天,全家在医院相聚。母亲的脸上挂着眼泪,对她说:"你的命怎么那么苦?"她也掉了眼泪,可嘴里却说:"不苦。他的命比我的苦。"她说的他,就是她的爱人。谁曾想到,一向好好的他,突发了脑出血,深夜躺在了地板上。

家里不富裕,住院的押金是借来的。住院半个月,他做了两次开颅手术,喉管切开术,整个人昏迷不醒,吃饭要用管子打进胃里,还要不时地吸痰。

他虽未醒,可身体却难受得抽搐。二十八岁的她,在情路上一直坎坷,如今看着昏迷的他,她心痛不已,却始终没想过放弃。

她每天都在空间上写昏迷日记,她希望他醒来的时候,能够知道发生了什么,不想让他的人生有断点,有记忆上的空白。每天,她会给他按摩,和他轻声说话。他昏迷着,可她始终认为他醒着,她不颓废,干净利落,她说:"我知道,你喜欢干净。我不会给你丢脸的。"

医生说,要唤起病人活下去的意志。她对他说:"你不能就这样睡着,你答应过我,要跟我一起过一辈子。我跟你结了婚,给你生了孩子,你不能'骗'我。"她还说:"我会一直陪着你,不管你变成什么样,我都爱你,照顾你。"

昏迷第六十天的时候,他的父亲绝望了,说要出院,放弃治疗。她不答应,她相信,他会醒过来。她每天奔波在家和医院,赶上孩子生病,她又要彻夜不眠地照顾孩子。可是,她依然没有怨言,她依然坚强。朋友问起来的时候,她总是笑着说:"我能扛得住。"

终于,昏迷八十天之后,他醒了,完全恢复了意识,能用嘴吃饭,能说话。她激动得哭了,这是出事以来,她哭得最厉害的一次。哭过之后,她又笑了。尽管,他的右半身依然不能动,可相较之前漫长的煎熬、独自的等待来说,她已经很满意。她说:"没事,咱们还年轻,慢慢康复。"

父母见到女儿这般,心再也硬不下去了。他们原谅了女儿,也为有这样坚强、勇敢、可贵的女儿感到骄傲。

有朋友问她,怨过吗?她说,从来没有,自己选择的路,跪着也要走下去。

第 二 章
岁不寒，无以知松柏；事不难，无以知女人

她还说，她相信，换成是他，他会比自己做得更好。

这不是杜撰的故事，是一位如你如我的平凡女子，在生活中的真实经历。许多朋友自愿到医院去探望她和她的爱人，给她送钱，说是心意，不用还，否则，就是看不起他们。她收下了，可她在一个本子上偷偷记下了，每一个挂念她的人，每一笔钱的数目。她对他说，这些钱，以后都要还。

风雨中的玫瑰是最美的。因为它有精神、有傲骨。百花中梅花是最受人赞美的，因为它不畏严寒，经历艰难以后散发出的美是令人震撼的，是摄人心魄的。坚强的女人，就是有这样的魅力，纵然什么也不说，也不解释，可就能用那颗强大的心感染周围所有的人。她们从不会哭哭啼啼，也不会怨天怨地，更不会遇到点事儿就放弃，越是狂风骤雨，越懂得坚守自己。

一位被丈夫抛弃而割腕的女人，最终选择了勇敢地面对自己的伤口。她说："从绝望中醒来，看到洒在窗前的阳光，我的心顿时就亮了。他值得我这样吗？不值！我就像凤凰一样，重获了新生。"之后，她用母爱全身心地照料女儿，日子过得有滋有味。她的心苦过，可是勇敢让这份苦找到了出口。

一位双亲惨遭不测的女孩，忍着眼泪，坚强地活着。她说："我不是不想崩溃，不是不想痛哭，只是哭过之后，还要自己重新整理心情，现实中有谁能够每时每刻在你身边为你擦眼泪？"她把痛苦压在心底，像所有不谙世事的女孩那样，挂着笑容出现在家人和朋友面前，出现在公司里，不知情的人，根本想象不到她的遭遇。若说没有伤心，那是自欺欺人，她

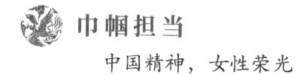

中国精神，女性荣光

的心每天都像是被刀割，而她每天都在不断地缝合伤口，她用微笑释放着痛苦，她在坚强中等待着记忆的冲刷。

也许，此刻的你，丢了工作，生活不如意，为情所困，有诸多的无奈。可是，你不要哭，不要自暴自弃，世上没有趟不过的河，也没有迈不过的坎儿，只要你努力，你付出，你坚强地往前走，这些难题都会迎刃而解。

出门的时候，把自己打扮得漂漂亮亮的，清清爽爽的。你把自己撑起来了，就不会被困难所压倒，那才是真正的强大。如果你不能将自己撑起，谁也帮不了，哪怕是你的爱人，你的父母，再伟大的情感也不可能强大于你自己的内心世界。

有时，你可能脆弱得一句话就泪流满面，可有时，选择了坚强，你也会发现自己咬着牙走过了很长的路。唯有自己撑起的天空，才会映出幸福的彩虹。

贰

有一种使命是责任，有一种力量叫担当

在这次抗击新冠疫情的战斗中，有一个名字我们一定要记住，那就是湖北省中西医结合医院呼吸与重症医学科主任张继先。被称为"疫情上报第一人"的她，个头不足一米六，话语轻柔，眼神和善。然而，就是这位温和的女医生，在2019年12月最早发现这场疫情的苗头，并和院方一起上报。

后来，张继先接受采访时坚定地说，疫情发现越早越有利于控制。"我们现在感觉自己做对了！"

作为一线医务人员，张继先在临床和科研中"不唯书、不唯上"。早期对新冠肺炎的诊断标准比较严格，规定患者必须有华南海鲜市场接触史，张继先当时就呼吁，必须对那些无华南海鲜市场接触史、有发热症状的人也列入筛查范围。直到2020年1月16日，国家卫健委下发《新型冠状病毒感染的肺炎诊疗方案（试行）》，相关诊断标准才降低。

张继先也是最早呼吁对所有患者实行"应收尽收"的一线医务人员。"哪怕是轻症患者，也会成为流动传染源。"张继先说，搞科研，一定要实事求是。

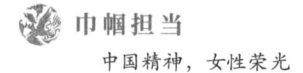

从张继先身上,我们看到了作为一名医务人员的使命感和担当精神,正是这种责任感,为我们防控新冠疫情争取到了宝贵的时间。

面对大家的赞誉,张继先淡定地说:媒体称我为"首拉警报者""疫情上报第一人",对于这些标签,我认为这是媒体给我的封号,看看而已,没有放在心上。作为高年资医生,从医30多年,我始终绷紧医疗安全弦,生命重于泰山。疫情上报是一个医生的职责,就应该这么做,换别人也一样会上报。为患者解除痛苦,这是我的责任。

第 二 章
岁不寒,无以知松柏;事不难,无以知女人

责任是一种与生俱来的使命

责任,从本质上来说是一种与生俱来的使命,是必须客观面对而无法回避的,是必须承担的义务。

我们不妨从一个故事来理解"责任"两个字的分量。

汤姆住在一座古老的小城里,听说以前这是一座繁荣发达的城市,从教堂塔尖上高高悬挂的四只老钟可以证实这种说法绝非虚传。后来经济萧条带走了小镇的繁荣,那四只老钟也停止了前进的脚步。现在,小城里的人决定唤醒那些代表小城悠久历史的老钟。在一次市民联欢会上,刚满18岁的汤姆被选为每天为大钟上发条并校准时间的人。

一个星期后,等满头银丝的钟表匠莫尔顿师傅修理完大钟,在他把钥匙交给汤姆之前,提出一个要求:让他到市里转一圈,看遍城里所有大钟的情形,然后谈体会,之后,才能把钥匙交给汤姆。

汤姆暗自埋怨老头太古怪,但是又拗不过他。

这天下班，汤姆开始关注市里所有的大钟。不看不知道，一看就发现了秘密，这些大钟有的停了，有的走得不准。有很多人从大钟前走过时，都会捋起袖子对一下手表。汤姆真想大声告诉他们正确的时间，以免他们耽误了时间。

汤姆又信步沿着铁路走去，高高的路基上有一座黄色的旧砖房，这是扳道工马里兰夫妇家。马里兰大叔值完通宵班正在休息，马里兰大婶却迎风坐在屋前，倾听火车开来的声音。

"你们没有表吗？"汤姆好奇地问。

"有啊。可我们老眼昏花，根本看不清楚上面的小字。"

在过去，马里兰夫妇根据教堂的钟声对时间，而如今他们只能轮流值班来护卫铁路。离开小屋，汤姆的心里有一种说不出的滋味。

"我们这座小城里不缺少钟，而是看钟人缺乏责任感。"莫尔顿老人听完汤姆的体会，脸上露出会心的微笑。

"好，小伙子，请记住你刚才说的话。"随即从腰间的钥匙链上摘下一把黄铜钥匙交给了约翰。

月色中，汤姆套上沾满油污的工作服，来到钟塔下，钻进漆黑的塔楼，一路攀登上去。

"我一定要让这古老的大钟走得最准确，让全市的人都生活在同一时间内。"推开四扇沉重的钟面，他仰望星空，上完发条，又抹好润滑油，一一校准了4个钟面上共8根胳膊般粗细的指针。他又用手绢擦拭钟面。他要让

第 二 章
岁不寒，无以知松柏；事不难，无以知女人

4只大钟像运转良好的机器那样，永远保持步调一致。

刚开始，人们没有注意大钟的时间，后来人们发现原来大钟的时间精确得一秒不差。两年后，教堂的大钟重新成为小城人们生活中的一部分。当有人询问时间时，周围的人都会指着教堂上的大钟说："那上面的时间最准确。"

汤姆明白，自己是一个看钟人，就一定要认真负起看钟人的责任——让小城里的大钟走得最准确，最完美。他做到了这一点。

人的一生中，无时无刻不在面对着责任。作为母亲，你有抚养儿女的责任；作为儿女，你有赡养父母的责任；作为妻子，你有扶助丈夫的责任；作为员工，你有认真工作的责任。

但凡那些在事业上有所成就的人士，毫无例外地都具有一个鲜明的特质——敢负责，有担当！

一位著名的企业家曾说："职员必须停止把问题推给别人，应该学会运用自己的意志力和责任感。着手行动，处理这些问题，让自己真正承担起自己的责任来。"在这一点上，钢铁大王安德鲁·卡内基为我们做了一个很好的榜样。

卡内基年轻的时候，曾经在铁路公司做电报员。一天他值班时，收到了一封紧急电报，原来在附近的铁路上，有一列装满货物的火车出了轨道，要求上司通知所有要通过这条铁路的火车改变路线或者暂停运行，以免发生撞

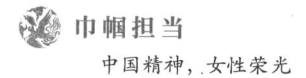

车事故。

因为是星期天,一连打了好几个电话,卡内基也找不到主管上司。眼看时间一分一秒地过去,而正有一次列车驶向出事地点。此时,卡内基做了一个大胆的决定,他冒充上司给所有要经过这条铁路的列车司机发出命令,让他们立即改变轨道。按照当时铁路公司的规定,电报员擅自冒用上级名义发报,唯一的处分就是立即开除。卡内基十分清楚这项规定,于是在发完命令后,就写了一封辞职信,放到了上司的办公桌上。

第二天,卡内基没有去上班,却接到了上司的电话。来到上司的办公室后,这位向来以严厉著称的上司当着卡内基的面将他的辞职信撕碎了,笑着对他说"由于我要调到公司的其他部门工作,我们已经决定由你担任这里的负责人。不为其他任何原因,只是因为你在正确的时机做了一个正确的选择。"

工作中,老板最关心的就是结果。因此,作为一名优秀的员工,就应当像卡内基那样,认清自己的工作责任,做公司发展需要的事,把问题留给自己,把结果留给老板。

IBM集团的前任总裁托马斯·沃森曾深有感触地说:"我最不喜欢听到下属在接受任务时说'NO',而只爱听他们说'YES'。每当有工作要交给下属处理时,我都希望下属愉快地接受,然后说一句'OK!我一定会尽快办好',或者说'OK!我定会尽最大努力去做'。"

责任的存在,是上天留给世人的一种考验,许多人通不过这场考验,逃

第 二 章
岁不寒，无以知松柏；事不难，无以知女人

匿了。许多人承受了，戴上了荆冠。逃匿的人随着时间消逝了，没有在世界上留下一点痕迹。承受的人也会消逝，但他们仍然活着，高贵的精神使他们流芳百世。

全国优秀特级教师李镇西曾这样说过：

> 刚参加教育工作时，我有一种真诚的责任感和使命感。这种责任感和使命感，来自我少年时代所受的关于理想主义和英雄主义的教育，但更来源于我对当时社会风气的深深忧虑。
>
> 记得当时就有同事对我调侃道："你把领导该操的心都操了！"
>
> 是的，现在想起来，那时我的"庄严"与"神圣"的确有些幼稚，但我那颗真诚的责任心（后来成了我的事业心），至今未曾褪色！
>
> 但是，就理论素养而言，我当时堪称"一贫如洗"，然后我仍然凭着一腔热情便"赤膊上阵"了：一天十几个小时和学生"泡"在一起，真正成了"娃娃头"！

李镇西老师之所以能坚持数十载，将热情倾注于教育事业上，并最终走出自己的一片新天地，主要原因在于他心中充满了对学生、家长、学校，乃至社会的那份责任感。其实，任何一名教师无论是过去、现在，还是将来，教书育人、爱岗敬业应该是永远追寻，并坚守的职业信条。

使命彰显价值，责任保证品质

作为一个职业人，无论做何种工作，都必须树立强烈的责任感，履行自己应尽的责任和义务，这是一个人品格和责任不可缺少的一部分。这种履行不是为了获得奖赏或者别的什么，而必须完全是发自内心的责任感使然。

在一次奥运会的马拉松比赛中，当众多选手已经顺利完成了比赛之后，人们发现，坦桑尼亚选手艾克瓦里刚刚吃力地跑进奥运体育场。

他是最后一名抵达终点的运动员，而这场比赛的优胜者早就已经领了奖牌。此时，艾克瓦里的双腿已经沾满血污，但他没有放弃，仍然一瘸一拐，坚持到了终点。

于是，有人好奇地问道"比赛不是早就结束了吗，你为什么还要跑到终点啊？既不会给你们国家赢得积分，更不可能拿奖牌。"

艾克瓦里已经累得说不出话来，但他仍然轻声地回答说："我的国家送我来这里，不仅仅是叫我起跑的，而是派我来完成这场比赛的。"

第 二 章
岁不寒，无以知松柏；事不难，无以知女人

艾克瓦里心中装的不是成败，而是强烈的责任，责任让他必须完成比赛。无论结果好坏，他都必须完成自己的工作，做好工作的最后一分钟。

亨利沃德比彻曾经说过："决定一次航行是否成功，不是离港起航，而是归航入港。"

有三个好朋友，毕业后去了同一家公司求职，经过层层筛选，他们都幸运地获得了试用期的工作机会。

试用期内，三个人的工作是枯燥乏味的，并且工作量很大，经常加班到很晚。三个年轻人都没有抱怨，他们都期待着试用期过后，自己能正式成为公司的一员，怀着对未来的美好期待，三个人都努力地工作着。

一个月的时间一晃而过，试用期马上就快结束了，三个人相信凭着自己的良好表现，肯定都能通过公司的考核。最后那天下午，主管找到了三个年轻人，对他们说："非常抱歉，你们三个都没有通过公司的考核，按照我们事先的约定，你们不能再在公司待下去了，这是这个月的工资，你们收好，等上完今天的这个夜班，你们就可以走了，祝你们以后一切顺利。"

听到主管的这些话后，三个人非常惊讶，但事情已经这样，也没有回旋的余地了。上夜班的时间很快到了，三个人当中的一个朝厂房走去，他不想因为自己的原因而影响整条流水线的工作。另外两个人心想既然没有通过公司的考核，并且工资也发了，索性没有去上夜班。

最后一晚像往常一样结束了，年轻人疲惫地走出厂房，令他吃惊的是，主管正站在厂房的门口冲他微笑。主管招手把他叫过去，对他说："经公司研究决定，你的试用期今晚正式结束，我们决定录用你为我们公司的正式职员，明天请到公司总部接受新职位的任命，恭喜你！其实，你们三个人都很优秀，表现得非常好，不过我们无法选择录用你们哪一位，今天晚上是对你们的最后一次考验，我们只选择最负责任的那一个，这个人就是你。"

　　自问一下，我们能否像故事中的年轻人一样，即使自己明天就将离开这个公司，依然兢兢业业的站好最后一班岗，用心负责保质保量地完成我们的工作。真正对待工作认真负责的员工，自有内心的约束，即使没有任何人监督，他们也能尽职尽责地站好最后一班岗。

　　许媛是南京一家美容院的美容师，春节快到了，美容师们都纷纷盘算起春节回家的事，在快放假的最后几天，工作心不在焉，为买票担忧，工作怠慢。只有许媛一直到春节当天都认真地工作。许媛的负责和坚持，经理都看在眼里。又听店长反应，许媛平时工作一直都很负责踏实，是个工作认真的好员工。春节假期结束后，许媛被提拔为主管。

　　为世人所敬仰与怀念的著名"黑人"总统林肯，曾经做过邮政局长，其实那是一个只有他一个人的邮局。他要做的事情很多，而有一次他为了要及时送信给当地的居民，居然在圣诞节那天徒步走了几十公里的山路。

　　大概很多人会认为他"太傻"，然而就是因为其做事贯彻始终的责任意识而更令人敬佩。

第二章
岁不寒，无以知松柏；事不难，无以知女人

坚守岗位，完成任务，这就是我们所说的岗位责任。假如你是公司老板，在分派任务的时候，你会信任这样的人吗？在提升职位的时候，你会首先考虑他们吗？当然会！这样的人无疑是能够准确无误完成任务的人。

在现实中，很多人都习惯推诿责任，并美其名曰："转让风险。"你初涉职场时，可能也会有前辈非常老道地对你说："凡事不要揽责任，你才会在公司里不犯错误。"话是不错，这样可以避免引火烧身，但你也不会为公司和自己的发展有贡献。

责任是不容推卸的，互相推诿、扯皮不仅严重影响工作绩效，还会影响企业的发展。

重庆一家中等规模的食品公司，由于厂房地势较低，每年都要经历一至两次的抗洪抢险。一年夏天，老板出差到海南去了。有一天晚上，远在海南的老板给几位负责人打电话，可能由于天气原因，老板一连打了几个电话，都打不通，最后打到了人力资源部经理的家里，让他立即到公司查看一下。

"嗯，我马上处理，请放心！"接完电话，人力资源部经理并没有到公司去，他想：这是安全部的事情，不该我去处理，何况我的家离公司还有好长一段路。于是，他给安全部经理打了一个电话，提醒他去公司看一下。

安全部经理接到电话后也没有去公司，他心想：反正有安全科长在，不用管它了。

安全科长没有接到电话，但他知道下雨了，并且清楚下雨意味着什么。

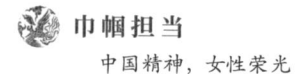

但他想,有好几个保安在厂里,用不着他操心。当时,他正在陪朋友打麻将,为了避免"干扰",他甚至把手机也关了。

只有几个保安留在厂里。但是,用于防洪抽水的几台抽水机没有柴油了,他们打电话给安全科长,科长的电话关机,他们就没有再打,也没有采取其他措施,早早地睡觉去了。值班的保安睡在值班室里,睡得最沉,他以为雨不会下很大。

到凌晨两点左右,雨突然大起来,值班保安被雷声惊醒时,水已经漫到床边!他立即给消防队打电话。

消防队虽然来得很及时,但由于通知太晚,三个车间全部被淹,数十吨成品、半成品和原辅材料泡在水中,直接经济损失达数百万元!

这样的事例确实令人痛心、发人深省。如果公司每个人都能认真一点,勇敢承担责任,公司就不会有这么大的损失。

工作中发生问题时,有的人会推卸属于自身的责任。但每个对待工作认真的人在责任面前,都会勇于承担责任,这样企业才能实现永续发展。勇于承担责任,出现问题不把责任推给别人,这样才能够加强组织团结,保证工作顺利进行,同时,它也是成就一个人事业的可贵品质。

优秀是一种习惯，敬业是一种担当

在广大女性身上，我们看到了她们面对疫情逆行前进的勇敢气概，看到了她们决不放弃的坚韧品质，同时，我们还看到了她们勇于担当的敬业精神。

2020年1月18日，73岁高龄的李兰娟与84岁的钟南山院士等人一起抵达武汉疫情前线进行调研，在掌握疫情第一手资料后，她向国家建议：武汉必须封城。

2月1日，李兰娟院士再次披上战袍，率医疗队紧急前往武汉，驻地指挥战"疫"。17年前，她也曾这样指挥抗击"非典"。她表示："我没考虑什么时候回来，希望危重症病人得到救治！"

2月11日，李兰娟进入湖北省人民医院东院区ICU，分析每一位患者的病情，并给出治疗方案。在她的防护服上，除了名字，前后都写了四个大字："武汉加油"。

她是一位老人，却在一线作战。李兰娟的儿子郑杰曾经哭着对记者说："她早就做好准备，只是我们出发那天才知道……从1月18日开始，她没

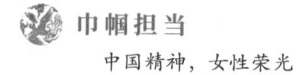
中国精神，女性荣光

有一天不是2点之后睡的。"

武汉大学人民医院东院区，是收治重症患者的定点医院。为了更好地对症施治，李兰娟坚持每天查房。她说，即便只是面对面交流一下，也是增加病人信心的一种方式。

在这个病区，每当新冠肺炎患者出院前，李兰娟都要为他们挨个颁发"战胜者"证书。

一个73岁的老太太，拖着疲惫的身体奋战在一线，与病毒作斗争，守护着国人，所谓国士，当如此，铁肩担道义，不惧灾难舍身救人。

武汉大学人民医院副院长江应安说："这个老太太，真的是我们中华民族的脊梁。"

"老公，我今天一个人换了8个氧气罐，你以后还能为我拧瓶盖么？"

南方医科大学珠江医院心内科护士长谭荣欢，支援武汉后，在朋友圈和老公开的这句玩笑，火遍了全网。

平时在家里基本不怎么干活，连瓶盖都要老公帮助拧开的她，在前线穿上那身白大褂的那一刻，就变成了神力附体。抬8个氧气罐、咬牙连续工作几小时，眉头都不皱一下的女战士。

她说，一线有风险，但是总要有人去做，想不了那么多，就想着能出一份力，尽早解决这个问题。

还有殷美娇，湖北仙桃一口罩厂女工，放弃难得的春节假，回到厂子，加班加点做口罩；

第 二 章
岁不寒，无以知松柏；事不难，无以知女人

当武汉人民宅家抗疫时，数名超市女店长，守护着"菜篮子"，给大家提供最坚实的后勤保障；

山东寿光一位农民阿姨，一晚可采摘400斤黄瓜，连夜送往武汉；

还有社区工作者，自发给医务人员做盒饭的志愿者……

从医生、护士、女工、社区工作者、农民……这些不同职业、不同岗位的女性身上，我们真正体会到了一句话：优秀是一种习惯，敬业是一种担当！

用最敬业的态度，创造最卓越的成果

敬业精神诠释了责任与担当。既然选择了一份职业，那么无论工作环境多么艰苦恶劣，不管工作内容多么枯燥烦琐，无论自己内心曾感到些许的孤寂，我们都应当满腔激情地去面对、去担当，当每个人都把工作岗位当成一个家的时候，你会发现自己所做的一切都会显出不同寻常的意义。

一位知名网站总裁是这样评价敬业精神在工作中的重要性的："我公司聘人的标准是敬业精神。我认为，工作是一个人自下而上的基本权利。有没有权利在这个世界上生存则看他能不能认真地对待工作。公司给一个工作，实际上是给一个生存的机会，如果能认真地对待这个机会，也才对得起公司给予的待遇。能否干好公司给的工作，能力不是主要的；能力差一点，只要有敬业精神，能力会提高的。"

詹姆斯·H·罗宾斯是美国伟大的职业成功学家，是继本杰明·富兰克林、阿尔伯特·哈伯德之后又一位美国敬业精神的阐释者。他认为："敬业，就是尊敬、尊崇自己的职业。如果一个人以一种尊敬、虔诚的心灵对待职业，甚

第 二 章
岁不寒,无以知松柏;事不难,无以知女人

至对职业有一种敬畏的态度,那他就具备敬业精神了。但是,他的敬畏心态如果没有上升到视自己职业为天职的高度,那么他的敬业精神就还不彻底、还没有掌握精髓。天职的观念使自己的职业具有了神圣感和使命感,也使自己生命信仰与自己的工作联系在了一起。只有将自己的职业视为自己的生命信仰,才是真正掌握了敬业的本质。"

艾恩是一名铁路工人,跟铁路打了一辈子的交道。他的工作地点是一个很小的车站,坐落在几乎不被人知道的小地方洛顿克劳斯,每天大约只有两列火车在这个小站进出。艾恩身兼三职,既是小站的站长,又是列车员和信号员。其实,小站只有他一个人,这里大大小小的事务都归他管。

在外人眼里艾恩的工作比白开水还枯燥无味,但是他却不这样认为,他热爱自己的工作:清洁候车室,擦拭座椅,售票检票的工作都是他一个人的活儿。小车站被他管理得井井有条。

他在这个小车站工作了50年,在这50年没有请过一天假,没有一天玩忽职守。他在工作上的出色表现,得到铁路公司领导的认可,在他退休的那天,为他安排了一个小型的告别仪式,并委派约瑟夫爵士亲临小站主持仪式。

艾恩对那张作为礼物赠送的支票表示感谢,他十分高兴。但是,他对约瑟夫爵士说:"钱可以让我享受更优越的生活,但是我更需要一件能经常回忆起小站快乐时光的东西。"这个要求令约瑟夫爵士非常惊讶,他问老人想要什么。

"能不能给我一节旧车厢?"他紧张地注视着约瑟夫爵士的眼睛,急切

地解释,"多旧多破都没关系。我可以把它修理好,擦洗干净,我现在已经退休了,有很多无聊的时间需要打发。我要把旧车厢放在自家的后花园里,每天去车厢里坐一坐,会让我想起在洛顿克劳斯小站度过的美好时光。"

听完老艾恩的请求,约瑟夫爵士差点儿笑出声儿,认为这个可怜的老头脑子出了毛病。铁路公司旧车厢多得是,反正也只能回炉。于是,他答应了艾恩的要求:"好吧,如果这就是你想要的东西,那么你可以得到它。"大约一星期后,一节旧火车车厢运进了艾恩家的后花园里。艾恩还像在洛顿克劳斯车站上班一样,每天都在废旧的车厢里忙碌,没过几天,将那节旧车厢收拾得焕然一新。

一年后的一天,艾恩的弟弟阿尔伯特来探望他。

那天下起牛毛细雨,阿尔伯特刚下火车雨就大起来,到艾恩家时雨越下越大。阿尔伯特敲了敲前门,无人应门。试着推了下门,门没有上锁。他走进屋里,到处找不到艾恩。阿尔伯特猜想他一定在后花园的旧车厢里。果然,刚走进后花园,阿尔伯特就看见艾恩坐在车厢外面的阶梯上,嘴里还叼着一支烟。

他披着雨衣坐在那里,凝视着他心爱的旧车厢,雨水顺着他的后背往下流淌,可是他却并不在意。

"艾恩。"阿尔伯特走过去,俯下身子问,"你干吗不坐在车厢里面?"

"你难道没看见吗?"艾恩严肃地说,"铁路公司给我的这节车厢是一节'禁止吸烟'的车厢!"

艾恩早已不是站长了,但是他仍然坚持原来的规则,他的敬业精神令人感动。

第 二 章
岁不寒，无以知松柏；事不难，无以知女人

敬业精神就是一种工作态度，是一种以工作为荣的态度。

敬业精神也是一种担当精神，是责任心在职业上的体现。我们都是生活在社会里，各自承担着一份或几份职业；只有每个人都很好地各司其职，这个社会才能正常运转。就像是大家都在一条船上，有的掌舵，有的划桨、有的张帆，如果其中有一人不能尽职尽责，就势必会影响整条船的运行；如果其中有许多人都不能尽职尽责，那就麻烦了。

"敬业"品质不高的最常见的表现，就是以消极的"打工"意识和心态对待工作，简单敷衍了事。如果你在工作中仅仅做到了不迟到、不早退、不违规、不犯错，但没有做到尽心投入、认真负责、积极主动，是不能被称为敬业的。

汤姆逊是一家咨询公司的员工。他受过良好的教育，才华横溢。但是他在这家公司工作很长时间了，并且他给人留下的印象是一个兢兢业业的人，但是久久得不到提升。问题在哪呢？用上司的话来说，汤姆逊看似勤奋，实则懈怠。

汤姆逊整日坐在办公室，但更多的时候都在考虑如何消磨时间，以及思考怎样逃过一项艰难的工作和应付上司的监督。在工作时间，他虽端坐在自己的位子上，但他的心并不在此，他在想着昨晚的球赛或者今天晚上下班后到哪里去玩。一旦工作推不过，不得不做时，他也是应付了事，根本不会考虑这样做会有什么影响或给公司造成怎样的损失。

虽然在几年的工作中，他没有犯过错误，但也没做出成绩，公司渐渐把

这个才华横溢的人"遗忘"了。所以,他一直还在做着平凡普通的工作。

出勤不出力,这是很多员工的通病。只出勤不出力的员工算不得敬业的员工,每个员工都应该清楚这一点。但是,这样的员工仍不在少数。他们从不把心思放在工作上,但善于在老板面前装装样子。他们看上去忙忙碌碌,却并不用心,只是用这种忙碌的假象来欺瞒众人。他们见了责任就躲,不肯多做一点分外事。每天他们按部就班地上班、下班,到了固定的日子领回自己的薪水,高兴一番或者抱怨一番之后,再重复老样子,上班下班……

事实上,在老板眼里,衡量员工是否敬业的标准并不仅仅取决于"出勤率"。在任何一家企业里,最受欢迎的永远是那些能够为企业带来价值的员工。管理专家认为,老板在升职和加薪时考虑最多的,是员工对于企业的未来有没有帮助。

有一个集团公司的行政总监,原来只是公司行政部的普通职员。他进入公司就非常努力、敬业。很多工作虽然不是他分内的事,但他也主动做得尽善尽美。他每天第一个到办公室,最后一个离开。虽然没有人承诺给他加班费,他还是经常加班,为的是不让工作拖到第二天。

虽然有同事嘲讽他,但他不在乎,依然坚持自己的工作态度和做事原则。因为他做得多,对公司了解得也多,掌握的技能也越多,公司也就越需要他。

他的表现,部门经理看在眼里,总经理也看在眼里。总经理在交了一两件事给他办之后,对他产生了信任,之后便交给他更多的任务让他完成,并

第 二 章
岁不寒，无以知松柏；事不难，无以知女人

有意让他参与公司的一些重要会议。

总经理给他增加任务实际上是在考察和培养他。总经理早对原来的行政经理不满，那个行政经理年龄虽不大，却一副老气横秋的样子，自负傲慢又不肯承担责任，出了问题总为自己找一大堆借口。

在经过一段时间的考察和培养后，总经理决定，解聘原来的行政经理，让这个普通职员取而代之。这个年轻人只在刚上任的一两个月里感到有点吃力，之后就游刃有余了。

可见，成功源于敬业。老板最欣赏那些具有实干敬业精神的员工，将敬业精神彻底融入你的工作当中，你才能得到老板的重用，赢得未来。无论从事什么行业，只要你尽心尽力去做，一定会出类拔萃。

以高度的敬业精神做好自己的工作，才能把工作做好，得到老板的青睐，否则就会沦于平庸。敬业才会使你出类拔萃，当你把自己融入工作当中，积极主动地改进工作方法，你一定会给自己带来更好的工作机会。

我们面临的是越来越激烈的竞争，一个人、一个企业，乃至于一个国家的敬业精神如何，在很大程度上决定着其能否在这种竞争中生存。哪一个企业在选择员工的时候，都会有一些特殊的要求；但唯独在一点上是一致的，那就是都希望自己的员工是一个敬业精神强的人。对一个企业来说，敬业的人越多、敬业精神越强，工作效率就越高，竞争力就越强，潜力就越大，发展就越迅速。

只有热爱,才能全力以赴

敬业精神,归根结底就是制造最完美的产品,来服务顾客,来超越顾客的预期,让顾客从满意到喜欢,从喜欢到偏爱,从偏爱到至爱。至爱是什么概念?至爱是一种将所爱之物几近神圣化的情感感受,是一种绝对的概念,其他所有已经存在的还是将要存在的爱都要处于其次。至爱比最爱还要高一个等级。客户把你制造的产品当成至爱了,你就真的具有工匠精神了。

让顾客对你的产品充满至爱,前提就是你首先需要对自己所从事的工作具有激情和热爱。从事一项工作需要相当大的能量。能量能激励自我,燃烧激情。燃烧自我的最佳方法是热爱本职工作。无论是什么样的工作,只要全力以赴地去干,就能产生很大的成就感和自信心,而且会产生向下一个目标挑战的积极性,在这个反复的过程中,你会更加热爱工作。这样,无论怎样的努力,都不会觉得艰苦,最终就能够取得优秀的成果。

一位企业家曾经说过,工作如同恋爱,要想获得幸福,就得学会爱,这样才能感受到被爱。以积极的心态面对工作,你才会爱上自己的工作,才能

第 二 章

岁不寒，无以知松柏；事不难，无以知女人

从中感受到无穷的乐趣和惊喜。

在梅格遇见贝恩太太之前，护理工作的真正意义跟她原来想象的完全不同。别看"护士"这个职业的名字很好听，但是实际工作只是替病人洗澡，照顾大小便。

梅格不情愿地带上洗澡用具推开病房的门，她的第一个护理对象是贝恩太太。

她是个又小又瘦的老太太，满头白发，全身皮肤像熟透的南瓜。

"你来干什么？"她的口气里充满了敌意。

"我是来替你洗澡的。"梅格用同样的口气回答道。

"我今天不想洗澡，你可以走了。"说完这句话，她的眼泪顺着脸颊流了下来。

梅格装作没看见，用强硬的态度给她洗了澡。

第二天晚上，梅格照例走进了她的病房，把洗澡用品摆放在桌子上。

"在你给我洗澡之前，请先解释'护士'的含义。"梅格没想到贝恩太太居然会提出这个问题。她满腹狐疑地望着她说："这个词很难解释清楚，但是她的职责是照顾病人。"

这边话音刚落，那边老太太从床底下捧出一本字典，得意地说："连自己该做些什么都不知道，"翻开字典上她早已做好记号的那一页念了起来："看护：护理病人或老人；照顾、滋养、抚养、培养或真爱。"念到这里，她合

上字典,拍着身边的椅子说:"来,过来坐下,在你没给我洗澡之前,我教你什么叫真爱。"

梅格按照她说的做了。自那天以后的几天里,她向梅格讲述了她的人生经历和她从生活中吸取到的教训。当然,这里面也包括了她的婚姻。

贝恩是个身材高大的农民,不修边幅,而且看上去很粗鲁。记得他来求婚那天,把鞋上的泥都带进了客厅。贝恩不是我理想中的丈夫,但是最终我还是嫁给了他。

"结婚一周年纪念日,我向他要一个刻着我们俩名字的金币或银币,然后用精致的银链串起来。贝恩答应了我的要求,那天早晨他赶着马车进城了。我站在村头的山坡上等着他回来,"说到这里,老太太轻声抽泣起来,过了一会儿才平静下来,"可是,他在回城的路上出了意外,我在他的身边找到了这个。"

贝恩太太小心翼翼地解开衣服上面的扣子,从干瘪的脖子上摘下一条已经褪色的银链递到梅格面前。

银链上系着一枚铜币,铜币的一面刻着细小的心形花纹图案,另一面刻着"贝恩与爱玛,永恒的爱"。

"但是这枚硬币是铜的?"梅格迷惑不解地问道。

贝恩太太连连点头,热泪盈眶地说:"如果当天晚上他活着回来,我看见的只是一枚铜币,可是他再也没回来,我看到的就只有真爱了,"她抬起头,用审视的目光看着梅格,"这枚铜币里隐藏的意思你明白了吗?你作为一名护士,目前的毛病就在这里。你只看到铜币,看不到爱。硬币由哪种金属制

第二章
岁不寒，无以知松柏；事不难，无以知女人

成不重要的，重要的是里面蕴藏的感情。"

贝恩太太的爱情故事讲完了，那天晚上她就与世长辞了。她给梅格留下一份最珍贵的遗训，让她热爱自己的工作，懂得"护士"这个词的真正含义。

如果你对工作有热爱之心，即使做得再累，也往往不会觉得辛苦。当你热爱自己工作的时候，就会对工作有一个更加独到的认识，同时也会发现更多的做法，这样你就能把工作做得更好。如果你认为工作索然无味，仅是为了养家糊口，那就没什么可谈的了。

倘若你没有完成工作的热情，那你在任何岗位上都无法崭露头角。如果把自己从事的工作视为爱好，就会做出惊人的成绩；如果把自己所从事的工作视为负担，其一生绝无成果。

如果有火一样的热情，就必定能使自己的一切都得到改变，成为你想象中的另一个人。

克劳斯就是这样的一个人，他是一家公司的推销员，是一个给人好感的忠厚之人，但缺少一些气魄，同事们讽刺他是"地狱最下层的人"，这是指他是公司里业绩最少的推销员。公司虽然很欣赏克劳斯的人品，但也只能考虑让他走人。

但就在这个时候，克劳斯突然爆发了巨大的热情，开始积极地工作，营业额开始逐渐上升，一年后已经成为公司的王牌推销员，又过了一年，他竟

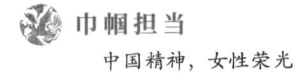

然成为国内销售冠军。

在全国推销员的表彰大会上,克劳斯受到了董事长的表扬。董事长给克劳斯授完奖以后说:"我从来没有这样高兴地表扬过人。你是一个杰出的推销员。不过,你的营业额高速增长,这巨大的转变是怎么实现的呢?能不能让大家分享一下你的成功秘诀呢?"

克劳斯并不擅长言辞,他好像有点害羞地说:"董事长先生及各位先生女士们。过去我曾因为自己是个失败者而垂头丧气,这一点我记得很清楚。有一天晚上,我看到一本书,上面写着'工作需要热情',我忽然好像领悟到了什么一样,我不能再这样下去了,我找到了以前失败的原因——对工作缺少热情,我相信,我会改变的。第二天一大早,我就上街从头到脚买了一套全新的衣服,包括西装、内衣、袜子、衬衫、皮鞋、领带等所有的衣物,我需要全面地改变自己。回家以后我又痛痛快快洗了个澡,头发也洗干净了,同时也把脑子里消极的东西全都洗出去了。然后我穿上刚买的新衣服,以前所未有的热情开始出去推销了。然后,我的营业额开始上升了,越来越顺利。这就是我转变的过程,非常简单。"

克劳斯的转变,是因为他唤起了对工作的热情。热情可以把一个人变成另外一个完全不同的人,这是一个多么令人激动的转变呀!

其实,许多员工在工作上之所以不顺利甚至失败,就像是起初的克劳斯一样,缺乏对工作的热情。

第 二 章
岁不寒，无以知松柏；事不难，无以知女人

查理·琼斯提醒我们："如果你对于自己的处境都无法感到高兴的话，那么可以肯定，就算换个处境你照样不会快乐。"换句话说，如果你现在对于自己所拥有的事物、自己所从事的工作或是自己的定位都无法感到一丝热情，那你肯定无法获得成功。

所以就算工作不尽如人意，也不要愁眉不展、无所事事，要学会掌控自己的情绪，激发自己的热情，让一切都变得积极起来。

成功的人士都懂得，有什么样的态度，就会做出什么样的选择。那些等待别人来帮助自己点燃热情火花的人不太可能成功。积极的人则会选择热情的态度。如果你想成为一个积极、乐观、充满热情的人，你就需要有勇气为选择这样的生活态度而负起责任。

一个人怎样才能产生热情呢？一个最好的办法就是以积极的态度全面想想自己工作的好处，发掘那些积极的方面，从而促使自己行动起来。这有助于点燃你内心的热情之火，热情的火焰一旦点燃，你下一步该做的就是不断加柴，保持火苗越来越大。

如果你想更热情些，就与其他热情者待在一起。曾在成功者的心理学方面著书立说的专家邓尼斯·韦特利说："热情有传染力。当一个热情的人出现时，其他人就很难再无动于衷地保持冷漠。"当你将热情者组成一个团队，这个团队的能量将是无穷的。

热情是工作的灵魂，甚至就是生活本身。如果不能从每天的工作中找到乐趣，仅仅是因为要生存才不得不从事工作，仅仅是为了生存才不得不履行

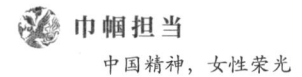

职责，这样的人注定是要失败的。

许多人对工作没有热情，总是把原因归咎于自己的工作缺乏创造性，导致自己缺乏对工作的热情。

其实，缺乏热情的深层原因还在于他们自己的内心深处有一种对热情的畏惧。

许多人生活在一种被束缚、被阻碍的不好的环境中，生活在足以泯灭热情、丧失志向、分散精力、浪费时间的氛围中。他们没有勇气去斩除束缚他们的桎梏，也没有毅力去抛弃旧有的一切。终于，他们的志向会因没有成绩、不断失望而归于死灭。

许多员工，本来也对工作充满了热情，也有志于表现他们自己，但被过度的胆怯与缺乏自信所束缚、所阻挡，他们自己觉得内在的力量跃跃欲试，但总害怕着失败而不敢行动。

怕别人讥讽和嘲弄，害怕流言蜚语，这种恐惧心理会导致他们不说话，不敢做事，不敢冒险，不敢前进。他们等待又等待，希望有一种神秘的力量，可以释放他们，并给予他们以信心与希望。

现在开始发掘你的热情吧！其实这并不是一件很难做的事，关键是你要行动。

道格拉斯是一家公司的采购员，他非常认真而刻苦地工作，对工作有一种近乎狂热的热情。他所在的部门并不需要特别的专业技术，只要能满足其

第 二 章
岁不寒，无以知松柏；事不难，无以知女人

他部门的需要就可以了。但道格拉斯千方百计设法找到最物美价廉的供应商，买进上百种公司急需的货物。

他兢兢业业地为公司工作，节省了许多资金，这些成绩是大家有目共睹的。在他29岁那年，也就是他被指定采购公司定期使用的约三分之一的产品的第一年，他为公司节省的资金已超过80万美元。公司的副总经理知道了这件事后，马上就加了道格拉斯的薪水。道格拉斯在工作上的刻苦努力，博得了高级主管的赏识，使他在36岁时成为这家公司的副总裁，年薪超过10万美元。

对于职场中人来说，当你正确地认识了自身的价值、能力及社会责任时，当你对自己的工作有兴趣、感到个人潜力得到发挥时，你就会产生一种肯定性的情感和积极的态度，把自觉自愿承担的种种义务看作是"应该做的"并产生一种巨大的精神动力，即使在各种条件比较差的情况下，不但不会放松对自己的要求，反而会更加积极主动地提高自己的各种能力，创造性地完成自己的工作。

一个人工作时，如果能以精益求精的态度和火焰般的热情充分发挥自己的特长，那么不论做什么样的工作，都会取得成功。如果我们能以满腔的热忱去做最平凡的工作，也能成为行业的佼佼者；如果以冷淡的态度去做最不平凡的工作，也会成为平凡的人。

肆

凝聚团队力量，同其心，一其力

在张继先身上，我们看到了敏锐发现疫情苗头的超强专业能力，看到了她当机立断向医院汇报所展现的责任担当，同时，从她的团队身上，我们看到了什么是专业素养，什么是职业责任，什么是团队精神。

她说："病人太多了，我们的医护人员太苦了！"的确，张继先团队每个上午都要经历4个小时高强度工作。防护服不透气，还要戴N95口罩，几个小时下来，大家身上都是湿了又干，干了又湿。为了减少上厕所的次数，医护人员几乎一天都不怎么喝水，忙起来，吃饭也不能准点。因为统一佩戴的N95口罩防护比较严，许多人鼻梁和眼下都生了压疮。除了做到这些，还要应对很多情绪激动的病人或家属，对他们进行安抚；也要对自身做好防护，进行心理调适……

有的病人病情发展太快，手段用尽，还是走了，她哭了；有时防护服快没有了，口罩快用完了，她哭了……张继先说，这个传染病，从来没有见过；这么多的病人涌向医院，从来没有见过。痛哭一场之后，张继先和战友们又

第 二 章
岁不寒，无以知松柏；事不难，无以知女人

一头扎进病房。那里是容不得"战士"有一丝丝马虎的战场。

不过，辛苦的工作没有压垮他们。"想到我们现在坚持工作，才能让更多患者得到治疗，就没有人抱怨，大家都在全力做好自己的医疗工作。"说起自己的团队，张继先感到非常骄傲。

2020年2月8日，中西医结合医院收到了一封信，信封上稚嫩的笔迹写着"张继先收"。这封信来自广东省广州市五羊中学。"我们可以推迟开学，可你们却敞开大门，对患者进行无微不至的贴心治疗，你们不顾危险，前赴后继地冲向战场……武汉加油！"张继先说，"看到这封信的时候，感觉非常温暖，谢谢这位小朋友。正是因为有全国各地人民的支持，我们感到很振奋，很暖心。"

张继先不断为大家加油鼓劲，她告诉团队，以前我们是"白衣天使"，现在我们是"白衣战士"，只要大家团结一心，共克时艰，什么问题都难不倒我们，一定能打赢这场疫情防控阻击战。

在记者采访张继先时，她总是说，我个人的力量微乎其微，重要的是我们的团队，大家齐心协力，互相鼓励，才能坚持到最后。

团结协作,方能克敌制胜

非洲大草原上,一群饥饿的狼尾行在另一群数目庞大的野牛群后已经有好几天了,但它们却无从下口。因为双方力量对比非常悬殊,凶猛的野牛根本不把这些狼放在眼里。烈日下的狼三三两两,显得无精打采,疲惫不堪。因为野牛太强大了,一连几天,狼群没有采取任何行动。但随后发生的事情让所有目睹的人大为震惊。这一幕,被几个人类探险者记录了下来。

野牛群继续警惕而悠闲地漫步在草场上,狼群此时却已开始了早已策划好的行动。随着头狼的长嗥,一时间所有的狼突然间恢复了生气,狼群合成若干个小队看似无目标地快跑起来,等到野牛群发觉有什么不对时,屠杀已经开始了。只见六条凶悍的狼如离弦之箭疯狂地冲向母牛与小牛聚集的中心区域,惊慌的牛群瞬时炸窝,四散奔逃。几组狼的分工任务此时已经非常明显了:有的挑逗着急红了眼的公牛,且战且退,让强壮的公牛渐渐脱离了大部队;有的左右迂回干扰,不断地让奔跑的小牛更加惊恐;有的则从侧面聚拢那些企图突围的小股牛群。而被锁定目标的老幼病牛被有意驱赶到了一个

第 二 章
岁不寒，无以知松柏；事不难，无以知女人

高地，喘息未定的牛群此时才发觉，他们已经进入了早已精心设计的陷阱之中，严阵以待、潜伏已久的狼族大部队迅速合围，屠杀很快结束了。

和野牛群相比，狼群是如此弱小，但胜利者却是狼，是讲求团队合作、协同作战的精神成就了狼。

毫无疑问，狼群最伟大的品质就是它们的合作精神。我们几乎可以将狼群的行动看成是"合作"的隐喻。张瑞敏就曾说："狼最值得称道的是战斗中的团队精神，协同作战，甚至不惜为了胜利粉身碎骨、以身殉职。商战中的这种对手是最令人恐惧，也是最具有杀伤力的。"

狼崇尚团队合作的精神是值得我们颂扬的。树立团队意识，摒除独行侠思想，这是当今职场发展的"真经"。在团队合作能力日益被重视的今天，优秀的人才绝不再相信个人英雄的传说，而会积极地投入团队中融合大家的智慧，开拓一片广阔的天空。

企业也是如此，企业是一艘巨大的航母，每一个员工都是它不可或缺的一部分。这艘航母能否朝着预定目标前进，依赖于全体员工的精诚合作。只有每一个员工的力量都保持一致，企业前进的利箭才会以无坚不摧的力量射中靶心。

我们知道，联邦快递是遍布全球的快递公司，但如果没有团结一心、使命必达的团队精神，那么它是无论如何也不会有世界500强的彩色光环的。

联邦快递团队随着业务的扩展分布在全球220个国家和地区，货物必须

在24～48小时内就从地球一端的发件人手里送到地球另一端的收件人手里，因为这是使命必达的承诺。

时间是如此之短，区域跨越又是如此之大，而且当货物出境后，运送环节上的团队成员就会变成另外一个国度的人。此时，如果没有各个国家和地区团队的合作精神，是不可能完成任务的。这种不同国家和地区的合作塑造了一个虚拟的联邦快递团队。在这个虚拟团队里，每天几百万个包裹通过几百架飞机在全球5万个投递点间流转。联邦快递要求无论你是哪个国家的雇员，无论你身处何地，只要是联邦快递的员工，那就同属一个团队，共担一份使命，就要去为"使命必达"贡献力量。

例如，中国的联邦快递职员可能在午夜时分突然接到西半球某个国家的联邦快递职员打来的长途，对方用地道的英语或含糊的英语（母语非英语的国家）急迫地询问某个包裹是否运抵中国，而这个包裹现在需要紧急转运至第三国。这时，中国的联邦快递职员必须首先在努力听清对方的意思后迅速查实货物的准确位置，因为可能因某种失误导致电脑记录失真，查实的难度就会加大；查实之后与对方甚至是第三方进行确认，再进行相应操作。这样的工作在联邦快递内网 COSMOS 系统上更是司空见惯，而当问题发生时，不借助团队的力量根本就没办法解决。

联邦快递的团队为了"使命必达"这一共同目标，成功地运用现代通信技术手段，依靠虚拟团队，互动地解决了跨越时间、空间和组织边界的各种问题，不仅保护了客户利益，确保了组织目标的实现，更增进了团队与团队

第二章
岁不寒，无以知松柏；事不难，无以知女人

之间的信任、理解与支持，从而强化了团队精神与团队协同战斗力。

团队需要这样的成员：他们具备实现理想目标所必需的技术和能力，而且相互之间有能够良好合作的个性品质，从而能够出色地完成任务。团队要求成员必须对团队表现出高度的忠诚和承诺，为了使团队获得成功，愿意去做与工作有关的任何事情。团队成员应对他们的群体具有认同感，把自己属于群体的身份看作是自我价值实现的一个重要方面，对团队的目标有很强的奉献精神，愿意为实现这个目标调动和发挥自己的潜能。

团队精神是企业真正核心竞争力之所在。市场竞争就是团队协作能力的竞争，许多在市场竞争中立于不败之地的公司，无不体现出精诚合作的团队精神。例如，通用公司奇迹般地崛起和茁壮成长，绝不仅得益于它的统军人物韦尔奇，还得益于韦尔奇麾下整个团队中每位员工的努力。这就是"人的价值高于物的价值，共同价值高于个体价值，共同协作的价值高于独立单干的价值，社会价值高于利润价值"的通用公司精神的写照。

个人英雄主义的时代已经终结，一个公司只有依靠所有员工的努力，才能做大做强。同样，个人也只有投入到企业的团队合作中，才能发挥自己的能力，如果只强调个人力量，你表现得再完美，也很难创造很高的价值，所以说"没有完美的个人，只有完美的团队"。

珍惜荣誉，充满团队自豪感

人的一生也是需要荣誉的。没有荣誉的人生，是暗淡无光的；有荣誉的人生，是五彩缤纷的。人应该是理智感情和品格发展到最高程度的动物；人不只要生存，而且要荣誉。荣誉是人生中值得追求的东西，所以英国的诗人拜伦有两句诗道："情愿把光荣加冕在一天，不愿无声无臭过一世！"

荣誉是劳动者的嫁妆，是劳动者甘美的报酬，是加于廉洁无私的爱国者那思虑深重的头上，或是胜利的勇士那饱经风霜的头上的闪光桂冠。

劳动者的荣誉是我们刻在事物上的标记，正是这种无法涂抹的标记，决定了所有人、所有劳动的全部价值。我们会相信，在人生丛林中，那些带着"荣誉嫁妆"的付出者，意味着一种神圣的力量！

企业对荣誉的珍视，应该达到了痴迷的程度。为了集体的利益与荣誉，个人必须坚决遵守他们所制定的"荣誉守则"。在这个守则的条例里，没有谁能随意践踏这些比生命还宝贵的荣誉。这个荣誉守则对于培养员工的团队精神和凝聚力起到了不可估量的作用。

第 二 章
岁不寒，无以知松柏；事不难，无以知女人

可以这样说，一个没有荣誉感的团队是没有希望的团队，一个没有荣誉感的士兵不会成为优秀的士兵。

公司对于我们每个人的意义，也许不尽相同，但对于忠诚的员工来讲则是家的感觉。

我们一起来看一看杜邦公司的明星员工是如何对待他的公司的：

如潮的掌声向我涌来。11月24日，我，麦克尔·柯维，美国海军退伍军人，杜邦公司两年工龄员工，正在底特律第二次接受"年度杜邦员工最高成就奖"。

作为一名军人，我已得了无数的荣誉。而作为一名员工，我也仅用两年就达到了个人职业生涯的高峰。

我出身于美国底特律南郊迪尔本镇一个普通农民家庭，19岁高中毕业就应征入伍。1991年9月1日那天，我穿上了军装，开始了十年的军人生涯。在这十年的军旅生活中，美国海军的"军人之魂"重新塑造了我的性格，彻底改变了我的命运。这对我后来走入工作岗位，并成为一个出色的员工，产生了深远的影响。

现在，我已在杜邦公司工作两年了。在这两年里，我第一年就被评为公司"优秀员工"，并在第二年被评为杜邦公司唯一的"明星员工"。10月份，我幸运地被提升为分公司营业部经理。公司总部的嘉奖令上是这样写的："麦克尔·柯维先生已经把杜邦公司当成了他自己的公司，我们没有理由不奖励

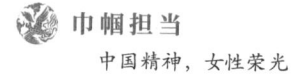

麦克尔·柯维先生。确实，这是我们共同的公司。

杜邦公司员工的这段话告诉我们：军人视荣誉为生命，任何有损军人荣誉的语言和行为都应该绝对禁止；同样，如果一个员工对自己的工作有足够的荣誉感，以自己的工作为荣，他必定会焕发出无比的工作热情。每一个企业都应该对自己的员工进行荣誉感的教育，每一个员工都应该唤起对自己岗位的荣誉感。可以说，荣誉感是团队的灵魂。

那么，个人如何培养团队的荣誉感呢？

在波澜起伏的商海中，企业就像一条船，若没有企业这条船，船上的人也无法生存。既然同是企业这条船上的员工，就应该共同为企业的生存考虑，为企业的共同利益考虑，而不是过多地考虑自身的利益，不要因为一己之私而使"船"沉没。

不管是一名普通员工，还是一名管理者，既然进入了一家公司，就要把自己的工作和公司的成长壮大紧密结合起来，与公司同生死、共命运。这样，在公司取得重大的发展时，你才会有巨大的荣誉感，否则就是窃取别人劳动成果的"老鼠"。

优秀的公司是由优秀的员工组成的，公司会因有你这样优秀的员工而自豪。当公司的发展遇到困难时，你就会感到自己责任重大，为改变公司的窘境而倾心尽力。这样，你才能在公司这艘船上成为一名卓越的员工。

第三章

用爱守护,
世界因爱而完美

汪国真 《热爱生命》

我不去想，

是否能够成功，

既然选择了远方，

便只顾风雨兼程。

我不去想，

能否赢得爱情，

既然钟情于玫瑰，

就勇敢地吐露真诚。

我不去想，

身后会不会袭来寒风冷雨，

既然目标是地平线，

留给世界的只能是背影。

未来是平坦还是泥泞，

只要热爱生命，

一切，都在意料之中。

壹

热爱生命，爱让我们生生不息

汪国真有一首非常著名的代表诗作——《热爱生命》，它告诉我们，只要心中有爱，有着对生命的热爱，一切美好的结果也就在意料之中了。

杰克·伦敦有一本脍炙人口的小说，名字也叫《热爱生命》。小说讲述的是这样一个故事：

一个美国西部的淘金者在返回的途中被朋友抛弃了，他独自跋涉在广袤的荒原上。冬天逼近了，寒风夹着雪花向他袭来，他已经没有一点食物了，而且他的腿受了伤，鞋子破了，脚在流血。他只能歪歪斜斜地蹒跚在布满沼泽、丘陵、小溪的荒原上，非常艰难地前行着。就在他的身体非常虚弱的时候，他遇到了一匹病狼。他发现这匹病狼跟在他的身后，舔着他的血迹尾随着他。就这样，两个濒临死亡的生灵拖着垂死的躯壳在荒原上互相猎取对方。为了活着回去、为了战胜这匹令他作呕的病狼，最终在人与狼的战斗中人获得了胜利，他咬死了狼，喝了狼的血。最终他获救了，使生命放射出耀眼的光芒。

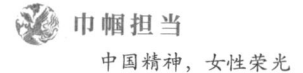

巾帼担当

中国精神，女性荣光

  这个悲壮的故事，生动地展示了人性的伟大和坚强。充分展现出人性深处的闪光点，生动逼真地描写出了生命的坚韧与顽强，奏响了一曲顽强的生命赞歌，可谓撼人心魄。

  面对新冠疫情，正是对生命的热爱，对生命的尊重，让众多女性舍小家，为大家，谱写了一曲曲感人的颂歌。热爱生命吧！正是因为爱与温暖，才让我们生生不息！

热爱生命,勇于担当

2020年8月11日,国家主席习近平签署主席令,授予84岁的钟南山院士"共和国勋章",表彰他在抗击新冠肺炎疫情斗争中作出的杰出贡献。在2020年《开学第一课》的课堂上,钟南山讲述自己的故事,激励青年一代热爱生命、勇于担当。

节目中,钟南山掷地有声地说:"人的命是最重要的人权!我们保住了这么多人的命,这是我们人权的表现!"

这次疫情中,有人不顾安危,舍小家为大家,最美逆行,毅然奔向抗"疫"最前沿;有人冒着传染的风险逆风而上,美丽的容颜上刻下了深深的印记,用自己的生命与病毒顽强斗争;有人为了不浪费防护服尽量避免喝水不上厕所;也有为了工作便利毅然舍弃秀美长发的光头天使……她们都表现出了热爱生命的极大热情、责任和担当。

热爱生命,就要有所信仰,有所追求。当人们没有了信仰,没有了追求,生命便完全成了一副躯壳,与一具行尸走肉何异?

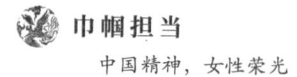

巾帼担当
中国精神，女性荣光

　　她一生中见过的多数花都是在病房里，见花开花败，见人生人死。

　　她是外科医生。在一次与死神较量失败之后，她无意间看到，病人的床头柜上放着一束花，娇艳地盛放着，美丽妖娆，浑然不知主人的离去，黑色的花蕊像一只只冰冷嘲弄的眼睛。花朵的盛开，生命的陨落，形成了鲜明的对比，充满了讽刺与悲凉。自那以后，她便不再爱花。

　　周围的人并不知道她所经历的、见到的，也不知道她内心对花的偏见。有个病人，在初次见面时就送了她一盆花，她心里不喜欢，却不忍心拒绝。或许，是病人纯粹的笑容感染了她；或许，是因为她心里清楚，除非有奇迹发生，否则医院会是他人生的最后一站。

　　那天，这个病人没有听她的话，和儿科的小病人们玩游戏，累得大汗淋漓。她责备他，他却做了一个鬼脸，吐了吐舌头。到了晚上，她突然发现桌子上有一盆花，花瓣有紫色、黄色和红色组成，交织在一起，就像一只展翅飞翔的蝴蝶。同时，她也发现了桌子上的一张小纸条，上面写着："医生，你知道吗？每当你发脾气的时候，就一点儿也不可爱了。你知道像什么吗？"看到这里，她忍不住笑了。

　　到了第二天，她发现桌子上又出现了一盆花，是医院园圃里的小红花，争相开发，花朵就像一个个仰面的笑脸。这时，她才知道，昨天的花，名字叫三色堇；今天的花，名字叫太阳花。

　　在天气晴朗的日子，她会在他的带领下去医院旁边的花店逛逛，在这里，她才发现原来世界上竟然有这么多的花。深红的玫瑰，粉黄的康乃馨，艳丽

第 三 章
用爱守护，世界因爱而完美

的郁金香……同时，她也看到，当他聊起花的时候，眼睛里绽放着光芒，没有对病痛的恐惧，也没有对未来的忧愁。

他问她，喜欢花吗？她说，花没有感情，不懂得爱。他笑着说，花的情唯有懂的人才明白。

不久后的一天中午，她在医院的后花园散步，忽然发现他呆呆地站在花圃前。她忍不住叫了他一声，他急忙回头，食指掩唇："嘘——"那是一株矮矮的灌木，缀满了红色灯笼般的小花，每一朵花囊都在爆裂，无数花籽像小小的空袭炸弹向四周飞溅，像是一场密集的流星雨。她没再说话，在寂静的时光里，他们共同见证了生命最辉煌的历程。他蹲下身，捡了几粒花籽装进口袋。

第二天，他送了她一个盛满了黑土的花盆，并夹了张字条："这种花名叫死不了，很容易养活，过几个月就会开花——可惜，那时我已经不在了。"她心里突然涌起一股悲伤，还有一股倔强，她想证明命运并非不可逆转的洪流。

不久后的一天深夜，正是她值班，突然呼唤医生的铃声响了，她赶忙奔向他的病房。他始终保持着清醒，对周围的每个人，父母，兄弟，亲友，以及所有参加抢救的医护人员说："谢谢你们。"脸上的笑容，像是刚刚展翅便遭遇风雨的花朵，渐渐凝成化石。她知道，已经没有希望了。

他离开后，她每天给那一盆光秃秃的土浇水，之后她参加医疗小分队去了贫困地区。她打电话回来问及那个花盆，同事说："看什么都没有，以为是废用的，扔到窗外了。"她怔住了，有些失落，却什么也没说。

中国精神，女性荣光

　　回来已是几个月后，她打开自己桌前久闭的窗，顿时震住了。花盆里有两株瘦弱的嫩苗，像是病中的孩子，一阵风就能把它吹倒似的。幼苗头顶处，却是娇羞的含苞，透出一点红，像是跳跃的火苗。

　　这一次，她懂得了花的情意。易朽的是生命，就像转瞬即谢的花朵；可永远存活的，是对生命的渴望，是一份生生不息的热情。生命再短暂，也压不垮一颗不屈不挠、热爱生命的心。无论一生长与短，只要你爱，生命之花便永远傲然盛开。

第三章
用爱守护，世界因爱而完美

生命因爱而更加精彩

根据美国"奇迹女孩"莉丝·默里的亲笔传记《Breaking Night》改编的电影《风雨哈佛路》，曾经震撼了亿万人的心。

莉丝八岁开始乞讨，十五岁时母亲因为吸毒感染了艾滋病身亡，父亲酗酒进了收容所，外公不肯收留她，只能流浪。她成长在一个脏乱的环境里，周围的人要么吸毒，要么自甘堕落，姐姐也步上母亲的后尘。

然而，这一切都没能磨灭她对生命的热爱，她更不愿让自己就此沉沦。她说："我知道外面有一个更好更丰富的世界，而我想在那样的世界里生活。"

她以真诚争取到了参加进入中学的考试机会，以非凡的毅力用两年时间读完十门课，最后又以她的经历、她的真诚、她的一言一行，得到了一万两千美元的奖学金，成功地走进了哈佛，改写了生命的剧本。

我们要活得精彩，就要由衷地热爱生命。不管什么时候，经历了什么事，都要坚信生活的美好。

中国精神，女性荣光

我们都应该热爱生命。没有它，我们就不可能在这片土地上耕耘、创造；没有它，我们就不会有喜怒哀乐；没有它，我们就不可能尝到世间的美食，看到世间的风景；没有它，我们就体会不到爱情的美好、亲情的珍贵、友谊的价值、知识的重要；没有它，我们就不可能有自己的价值。我们现在所拥有一切的一切，都要有一个前提而且仅仅这一个——那就是生命。如果我们失去它，我们一无所有。对于如此宝贵的生命，我们有什么理由不去好好的热爱呢？

我们应该热爱生命，每个人都不能轻言放弃。正如《人生颂》所写道："不要在哀伤的诗句里告诉我：'人生不过是一场幻梦。'"不要再抱怨世界欺骗我们，现实将我们彻底的击倒，其实是我们一直都看错这个世界。当你发现你所承担角色有高低之分时，你要快乐、自信、勇敢、自强，不要因为职业的轻微而放松自己，因为没有任何一件工作是低贱的；不要因为暂时的不如意而自卑、自暴自弃，更不要因为生活中出现某种小插曲而使生命暗淡。生命中没有过不去的坎，没有完不成的事情。没有比人更高的山，没有比脚更长的路，只要肯攀登，终会有成功的一日。

生命不可重来，谁也无法预知生命的时间，可正因为此，它才显得如此可贵。生命如同晴天里的一轮太阳，五光十色，分外耀眼，而爱则是架在蓝色天空下的那一抹彩虹，光彩夺目。太阳由于彩虹的映衬，更显生机，而生命则因爱而更加精彩。

贰

人生真谛，拥有一颗感恩的心

新冠疫情暴发后，在支援武汉的医疗队中，有一位特殊的女护士——佘沙。之所以说她特殊，是因为她不仅才24岁，是那批医疗队中年纪最小的，还因为她从小是在汶川长大的。

2008年汶川大地震时，佘沙还只是一名小学生。她亲自见证灾难发生后，各界人士纷至沓来的援助和关怀，让汶川从废墟中重建。12年后，当又一场灾难袭来时，心怀感恩的佘沙挺身而出。

她说："地震那年有很多志愿者和医务工作者来帮助我们，所以我现在自己有能力去帮助人家，我一定会去的。"

守望相助的爱心在汇聚，战胜病魔的力量在凝聚。因为感恩，让佘沙义无反顾；因为感恩，让我们看到了一幕幕的人间大爱。

当一个人懂得感恩时，便会将感恩化作一种充满爱意的行动，实践于生活中。同时，感恩也不是简单地报恩，它更是一种责任、自立、自尊和追求一种阳光人生的精神境界！一个人会因感恩而感到快乐，一颗感恩的心，就

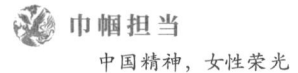
中国精神，女性荣光

是一颗和谐的种子。

拥有一颗感恩的心吧！这会让你的生活越来越美好。

第三章
用爱守护,世界因爱而完美

感恩生命,敬畏生命

下面,让我们来一起欣赏法国作家史怀泽的一篇文章——敬畏生命。从这篇文章中,我们能够学会感恩生命,敬畏生命。

善是保存和促进生命,恶是阻碍和毁灭生命。如果我们摆脱自己的偏见,抛弃我们对其他生命的疏远性,与我们周围的生命休戚与共,那么我们就是道德的。只有这样,我们才是真正的人;只有这样,我们才会有一种特殊的、不会失去的、不断发展的和方向明确的德性。

敬畏生命、生命的休戚与共是世界中的大事。自然不懂得敬畏生命。它以最有意义的方式产生着无数生命,又以毫无意义的方式毁灭着它们。包括人类在内的一切生命等级,都对生命有着可怕的无知。他们只有生命意志,但不能体验发生在其他生命中的一切;他们痛苦,但不能共同痛苦。自然抚育的生命意志陷于难以理解的自我分裂之中。生命以其他生命为代价才得以生存下来。自然让生命去干最可怕的残忍事情。自然通过本能引导昆虫,让它们用毒刺在其他昆虫身上扎洞,然后产卵于其中;那些由卵发育而成的昆

虫靠毛虫过活,这些毛虫则应被折磨至死。为了杀死可怜的小生命,自然引导蚂蚁成群结队地去攻击它们。看一看蜘蛛吧!自然教给它的手艺多么残酷。

从外部看,自然是美好和壮丽的,但认识它则是可怕的。它的残忍毫无意义!最宝贵的生命成为最低级生命的牺牲品。例如,一个儿童感染了结核病菌。接着这种最低级生物就在儿童的最高贵机体内繁殖起来,结果导致这个儿童的痛苦和夭亡。在非洲,每当我检验昏睡病人的血液时,我总是感到吃惊。为什么这些人的脸痛苦得变了形并不断呻吟:我的头,我的头!为什么他们必须彻夜哭泣并痛苦地死去?这是因为,在显微镜下人们可以看见10‰~40‰毫米的白色细菌;即使它们数量很少,以至于为了找到一个,有时得花上几个小时。

由于生命意志神秘的自我分裂,生命就这样相互争斗,给其他生命带来痛苦或死亡。这一切尽管无罪,却是有过的。自然教导的是这种残忍的利己主义。当然,自然也教导生物,在它需要时给自己的后代以爱和帮助。只是在这短暂的时间内,残忍的利己主义才得以中断。但是,更令人惊讶的是,动物能与自己的后代共同感受,能以直至死亡的自我牺牲精神爱它的后代,但拒绝与非其属类的生命休戚与共。

受制于盲目的利己主义的世界,就像一条漆黑的峡谷,光明仅仅停留在山峰之上。所有生命都必然生存于黑暗之中,只有一种生命能摆脱黑暗,看到光明。这种生命是最高的生命,人。只有人能够认识到敬畏生命,能够认识到休戚与共,能够摆脱其余生物苦陷其中的无知。

第三章
用爱守护，世界因爱而完美

这一认识是存在发展中的大事。真理和善由此出现于世。光明驱散了黑暗，人们获得了最深刻的生命概念。共同体验的生命，由此在其存在中感受到整个世界的波浪冲击，达到自我意识，结束作为个别的存在，使我们之外的生存涌入我们的生存。

我们生存在世界之中，世界也生存于我们之中。这个认识包含着许多奥秘。为什么自然律和道德律如此冲突？为什么我们的理性不赞同自然中的生命现象，而必然形成与其所见尖锐对立的认识？为什么在它发挥善的概念的地方，它就必须与世界作斗争？为什么我们须经历这种冲突，而没有有朝一日调和它的力量？为什么不是和谐而是分裂？等等。上帝是产生一切的力量。为什么显示在自然中的上帝否定一切我们认为是道德的东西，即自然同时有意义地促进生命和无意义地毁灭生命的力量？如果我们已能深刻地理解生命，敬畏生命，与其他生命休戚与共；那么，我们怎样使作为自然力的上帝，与我们所必然想象的作为道德意志的上帝、爱的上帝统一起来？

我们不能在一种完整的世界观和统一的上帝概念中坚定我们的德性，我们必须始终使德性免受世界观矛盾的损害，这种矛盾像毁灭性的巨浪一样冲击着它。我们必须建造一条大堤，它能保存下来吗？

危及我们休戚与共的能力和意志的是日益强加于人的这种考虑：这无济于事！你为防止或减缓痛苦、保存生命所做的和能做的一切，和那些发生在世界上和你周围，你又对之无能为力的一切比较起来，是无足轻重的。确实，在许多方面，我们是多么的软弱无力，我们本身也给其他生物带来了多少

伤害，而不能停止。想到这一点，真是令人害怕。

你踏上林中小路，阳光透过树梢照进了路面，鸟儿在歌唱，许多昆虫欢乐地嗡嗡叫。但是，你对此无能为力的是：你的路意味着死亡。被你踩着的蚂蚁在那里挣扎，甲虫在艰难地爬行，而蠕虫则蜷缩起来。由于你无意的罪过，美好的生命之歌中也出现了痛苦和死亡的旋律。当你想行善时，你感受到的则是可怕的无能为力，不能如你所愿地帮助生命。接着你就听到诱惑者的声音：你为什么自寻烦恼？这无济于事。不要再这么做，像其他人一样，麻木不仁，无思想、无情感吧。

还有一种诱惑：同情就是痛苦。谁亲身体验了世界的痛苦，他就不可能在人所意愿的意义上是幸福的。在满足和愉快的时刻，他不能无拘无束地享受快乐，因为那里有他共同体验的痛苦。他清楚地记着他所看见的一切。他想到他所遇见的穷人，看见的病人，认识到这些人的命运残酷性，阴影出现在他的快乐的光明之中，并越来越大。在快乐的团体中，他会突然心不在焉。那个诱惑者又会对他说：人不能这样生活。人必须能够无视发生在他周围的事情，不要这么敏感。如果你想理性地生活，就应当有铁石心肠。穿上厚甲，变得像其他人一样没有思想。最后，我们竟然会为我们还懂得伟大的休戚与共而惭愧。当人们开始成为这种理性化的人时，我们彼此隐瞒，并装着好像人们抛弃的都是些蠢东西。

这是对我们的三大诱惑，它不知不觉地毁坏着产生善的前提。提防它们。首先，你对自己说，互助和休戚与共是你的内在必然性。你能做的一切，从

第三章
用爱守护，世界因爱而完美

应该被做的角度来看，始终只是沧海一粟。但对你来说，这是能赋予你生命以意义的唯一途径。无论你在哪里，你都应尽你所能从事救助活动，即解救由自我分裂的生命意志给世界带来的痛苦；显然，只有自觉的人才会从事这种救助活动。如果你在任何地方减缓了人或其他生物的痛苦和畏惧，那么你能做的即使较少，也是很多。保存生命，这是唯一的幸福。

另一个诱惑，共同体验发生在你周围的不幸，对你来说是痛苦，你应这样认识：同甘与共苦的能力是同时出现的。随着对其他生命痛苦的麻木不仁，你也失去了同享其他生命幸福的能力。尽管我们在世间见到的幸福是如此之少；但是，以我们本身所能行的善，共同体验我们周围的幸福，是生命给予我们的唯一幸福。最后，你根本没有权利这么说：我要这么生存。因为你认为，你比其他生命幸福。你必须如你必然所是地做一个真正自觉的人，与世界共同生存的人，在自身中体验世界的人。你是否因此按流行的看法比较幸福，这是无所谓的。我们内心神秘的声音并不需要幸福的生存——听从它的命令，才是唯一能使人满足的事情。

我这样和你们说，是为了不让你们麻木不仁，保持清醒的头脑！这与你们的灵魂有关。如果这些表达了我内心思想的话语，能使在座的诸位撕碎世上迷惑你们的假象，能使你们不再无思想地生存，不再害怕由于敬畏生命和必然认识到共同体验的重要而失去自己，那么，我就感到满足，而我的行为也将被人赞赏……

懂得感恩，才会担当

感恩是一个人该拥有的本性，也是拥有担当精神的表现。生活、工作、学习中都会遇到别人给你帮助和关心，也许你不能一一的回报，但是对他们表示感恩是必需的。

心存感恩，心路才会越走越宽，常怀一颗感恩的心，学会去担当，我们不自然会觉得我们的世界越来越美好，怀有一颗感恩的心，能帮助你在逆境中寻求希望，在悲观中寻求快乐。

感恩是一种处世哲学，也是生活中的大智慧。一个智慧的人，不应该为自己没有的斤斤计较，也不应该一味索取和使自己的私欲膨胀。学会感恩，为自己已有的而感恩，感谢生活给你的赠予。这样你才会有一个积极的人生观，总能健康的心态。每天怀有感恩地说"谢谢"，不仅仅是使自己有积极的想法，也使别人感到快乐。在别人需要帮助时，伸出援助之手；而当别人帮助自己时，以真诚微笑的表达感谢；当你悲伤时，有人会抽出时间来安慰你等等，这些小小的细节都是一颗感恩的心。

第 三 章
用爱守护，世界因爱而完美

在物质生活极其丰富的今天，很多人不懂得珍惜现在的幸福生活，只知道一味地追求、索取。人们往往只对自己的不幸感到怜悯、悲伤，却不再为别人的付出感动，即使偶尔会感动，也只是为感动而感动。

有些人总是把父母的关爱、朋友的鼓励、师长的呵护当成理所当然的事，一遇到失败和挫折就觉得是上天不公，看着别人幸福快乐就觉得是上苍欠他的，而一旦自己背信弃义却无丝毫歉疚之意。他们的心中只有自己，恩情于他们而言如同草芥，这样的人我们不苛求他感恩，能够做到不忘恩就好。当然，这样的人即便用尽手段得到自己想要的，也终究得不到极致的快乐，因为他缺少一颗感恩的心。怀着一颗感恩的心去面对生活，即使日子过得平淡，即使会遇到挫折，人生也会幸福而充实。

刘静是个热情开朗的女孩子，整天都以笑容面对大家。在工作一年之后，她选择了出国留学。临走之前，她对大家说了很多："感谢在我工作中，一直给予我宽松工作环境的领导；感谢从开始对我不友好但是后来却百般照顾我的同事，是你们让我爱上这个工作；谢谢大家！我这一年收获了很多，学会了很多。你们的关心和帮助让我变得踏实、更有动力、更轻松。"

很多同事都很受感动，大家都说是刘静教会了他们学会感恩和平和。第二天，刘静开心地带着行李去了日本。

在我们现实的生活中，轰轰烈烈的事很少，多的只是平凡的生活和烦琐的工作，真正救命的恩情和需要用一生报答的恩情很少，有时候只是别人的举手之劳，或者一个鼓励的眼神、一个善意的微笑，便可以为我们孤独的心增添一份勇气，这其实也是一种恩情，这些也是我们应该经常感念、不能忘记的恩情。

怀着一颗感恩的心去面对生活，人生就会过得幸福而充实。然而有些人却做着忘恩负义的事。

深圳一位著名歌手曾耗资 300 万元，资助了 178 个贫困学生，而当他自己病重住院，经济十分困难时，他先前资助过的那么多学生，竟然没有一个人来看他，更别说帮他看病。这其中就有好几个已经大学毕业，有几个就在深圳。新闻披露后，有一个受助者居然怨气十足地说，这让他很没有面子。

什么时候开始人们变得如此冷漠？面对给自己提供学习机会的恩人，却道出了"让自己没有面子"这样的话，这到底是资助人的悲哀，还是被资助学生的悲哀呢？资助者用感恩的心回报社会，想用自己的能力温暖一些自卑和受伤的心灵，却不曾想到，自己的善意之举换来的是让人凉透心的一句话。

感恩，自古就是中华民族的传统美德，也是衡量一个人道德水平的标准。古人虽说"滴水之恩，当涌泉相报"，但实际生活中施恩的人却很少有如此要求，别人不要求并不代表自己就不需要感恩，即便不感恩，至少不能忘恩，更不应该伤害付出者善良的心。

不会感恩的人，让这个社会充斥着冷漠和残酷，让感恩的人寒心。所以我们必须时常感恩，不能忘恩，让感恩之心感染每一颗心，让人间成为有爱的天堂！

爱的奉献，人间最美的温情

每当看到抗击疫情中广大女性的感人事迹，我都会想到韦唯的那首歌：《爱的奉献》：

这是心的呼唤

这是爱的奉献

这是人间的春风

这是生命的源泉

再没有心的沙漠

再没有爱的荒原

死神也望而却步

幸福之花处处开遍

啊 只要人人都献出一点爱

世界将变成美好的人间

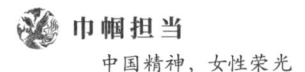

巾帼担当

中国精神，女性荣光

啊 只要人人都献出一点爱

世界将变成美好的人间

这是心的呼唤

这是爱的奉献

这是人间的春风

这是生命的源泉

再没有心的沙漠

再没有爱的荒原

死神也望而却步

幸福之花处处开遍

啊 只要人人都献出一点爱

世界将变成美好的人间

啊 只要人人都献出一点爱

世界将变成美好的人间

  全国千千万万的女性同胞奋战在疫情防控第一线，以奉献精神点亮属于中国女性的高光时刻，她们的身影遍布在抗疫前线的每一个角落。她们有着许多种角色，或母亲，或女儿，或妻子，纵然使命沉重，却从不抱怨，一直都在奉献着自己的青春年华，默默地展现生命的美丽。

  她们坚守疫情防控第一线，同时间赛跑、与病魔较量，主动担起一份

第 三 章
用爱守护，世界因爱而完美

责任。73 岁李兰娟院士，ICU 的"定海神针"，她的名字多次冲上热搜；54 岁的"女少将"陈薇，逆行武汉火线攻关；还有组织群众坚守最基层防线的社区妇联干部，以及参与防控照顾邻里的普通妇女群众，关键时刻，她们做疫情防控的先行者、践行者、宣传者、守护者。她们用柔弱的肩膀扛起了全民抗疫的半边天，亮出了巾帼底色，用爱与担当凝聚起巾帼力量。

有一种担当叫爱的奉献

爱是一种承诺，更是一种责任与担当。就如父母对子女的爱，是那样的无私付出，不求回报的给予。从孩子的呱呱坠地到长大成人，在这样一个漫长的过程中，如果没有爱的付出，全身心的陪伴教育，孩子是不可能健康茁壮成长的，这期间花费的不仅仅是金钱还有时间，更多的是一种责任与担当，如果没有爱的信念支撑，怎能坚持下去？

天下女人的爱，无论是亲情、友情，还是爱情等其他情感，都渗透着一种博爱。女人的博爱是伟大的，女人的博爱是无私的，女人的博爱是崇高的，女人的博爱也是神圣的。正是这种博爱，给世界换了一张崭新的面孔，同时也让自己的人生从此与众不同。

小红在一家贸易公司担任会计，公司规模不大，员工也不多，但是气氛十分融洽。可是没过多久，公司来了一位年轻美丽的女孩，打破了一切的宁静。年轻女孩叫笑笑，时尚聪慧，与枯燥无聊的会计工作格格不入。因为她的到

第 三 章
用爱守护，世界因爱而完美

来，办公室热闹了不少。可是笑笑有一个很大的缺点，总是喜欢乱放东西，弄得办公室乱七八糟的。小红是个干净利落的人，对笑笑的做法十分看不惯。她几次向笑笑提出自己的意见，笑笑都不当回事。

有时候，小红很生气，可是想想又觉得很没有必要，只是生活习惯的问题，没必要小题大做。于是每天早上，小红都会提前半个小时来到办公室，打扫卫生。一个多月过去了，笑笑终于发现了异样。可是大家都不知道是谁打扫的，也没人站出来承认。

有一天，笑笑特意早点来上班，终于让她发现，原来一直是小红在暗中打扫。笑笑觉得很愧疚，连忙跟小红道歉。小红对她笑了笑，觉得只是小事一桩。没想到，第二天，笑笑竟然也早早地来到办公室，跟小红一起打扫，两人有说有笑。小红的不计较、一味付出，终于让笑笑明白了自己的错误，也让两人成了好朋友。

奉献不在于做出了多么惊天动地的大事，只要是发自内心、对他人有益，都会令人敬佩和感动。

曾经有一个美丽的女孩参加了一档知识问答的电视栏目。她的经历，让在场的每个人都为之动容。这个女孩叫小悦，已经34岁。在不久之前，她得知自己患了乳腺癌，必须切除乳房。为了不让丈夫为难，也为了不拖累丈夫，在小悦动手术之前，她与丈夫协议离婚了。

离婚后的小悦,并没有放弃自己,她积极配合医生的治疗,忍受了巨大的痛苦。当她站在电视机前,向大家讲述她的故事的时候,她得知自己的生命已经快走到尽头。可是小悦是如此的坚强,她没有悲观失望,而是作出了一个令人钦佩的决定——把自己的眼角膜捐献给需要的人。

小悦是个聪慧的女孩,在节目中对答如流,终于赢得了一部价值不菲的照相机。她把这台相机送给了自己8岁的儿子。儿子长得很像小悦,天真无邪的样子也许并不知道癌症的可怕。

小悦在节目现场签署了器官捐献协议书。她是那么的淡然、从容,如果不是知道详情,没有人会相信她正受病魔的纠缠。

小悦说,她希望得到自己眼角膜的是一个孩子或是老人。因为孩子的人生刚刚开始,需要更多的时间去看世界;而老人,已经历经了太多的沧桑,更需要清明的眼睛去感受幸福。

现场的观众都被小悦的话打动了,每个人的眼睛里都闪着泪光。

小悦笑着劝慰主持人和现场的观众,她认为,自己的能力那么微不足道,所做的一切都是不值一提的,有很多人奉献的比她更多。

爱的真谛是什么?也许我们从小悦的身上能找到答案。正是因为有了绿叶默不作声的陪衬,才有了花儿的娇艳;正是因为有了土壤的默默培育,才有了森林的茂密。人生正是因为有了爱和奉献,才让我们变得更加美好。

学着付出,学会奉献。不论是大事还是小事,只要努力去做了,就会得到内心的满足。

生命为奉献而完整，世界因为奉献才充满温情。有了爱，有了奉献，世界才如此美丽多娇。

奉献不在乎多大，而在乎是否发自内心、是否付诸实践。生命中的很多时候，正是因为有爱，这个世界才如此美好。

每一个女人来到这个世界上，心中都会存在这样或那样的爱，或与亲人之间的爱，或与朋友之间的爱，或与爱人之间的爱等等。一个女人，如果没有爱，那她的人生该是多么孤独与寂寞啊！她的生存还有什么价值呢？因此，每个女人都应该心中有爱，都应该选择博爱，用一颗真诚而热忱的心去关心身边的每一个人和每一件事，把自己的全部身心都用于对世界的关注、对社会的奉献和对生活、工作的热爱上。

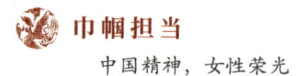

学会分享，懂得担当

"作为特殊人群，我们分享社会成果也要懂得担当。"2020年2月3日，双目失明的残疾人士董泉信向红十字会捐上了1万元爱心款，他说："社会给我创造了良好创业环境，作为一名残疾人应该有主动担当的思想，而不只是享受者，个人的损失算不了什么，现在最要紧的是大家都平平安安。"

分享与担当是不可分离的，有的时候分享也是一种担当。向愁苦者分享快乐，你就担当了让世人轻松快乐的责任；向贫穷者分享财富，你就担当了为世人谋福利的责任。在担当责任的同时，你也品尝到了分享的快乐。

古龙曾说过："快乐不是件奇怪的东西，绝不因为你分给了别人而减少。有时你分给别人的越多，自己得到的也就越多。"幸福与快乐其实是一样的，当自己幸福的时候，将幸福与大家分享、传播出去，你将得到更多的幸福。

如果你拥有一个苹果，跟别人交换后，你拥有的依然是一个。如果你有一份幸福，跟别人交换以后，你得到的就是两份幸福。

我们都只不过是凡尘中人，能够改变我们这些凡夫俗子人生的往往不是

第 三 章
用爱守护，世界因爱而完美

豪言壮语、香车别墅而是幸福的点滴分享。与别人分享幸福的喜悦，不但是给别人干涸的土地灌溉了甘泉，而且是给自己的内心增添了一种色彩。

人在分享幸福的时候会品尝到双方的甜蜜，让分享到的幸福成为久久萦绕在心头的美妙滋味。每一次的分享，无论是对方还是自己都会有新的人生感悟和幸福启示，这种人生的感悟和启示会化作对自身的帮助，促使我们迅速成长并破茧成蝶。

两个小女孩是邻居，虽然近在咫尺，她们却互不相识。生性活泼的孩子都很想结识对方，一同玩耍，可是用什么办法来接近对方呢？冒昧地闯过去未免有些唐突。

小女孩A向妈妈说出了心中的困惑，妈妈微笑着说："你最爱的东西是什么？只要你肯拿出你最喜欢的东西和别人一同去玩，其他人肯定会乐于和你交朋友的。"

小女孩A听了妈妈的话后赶忙跑到自己的卧室里，抱起了心爱的洋娃娃跑去找小女孩B一同分享。刚跑到家门口，就看到小女孩B手捧着糖果怯生生地对她说："这是我最喜欢吃的糖果，我特意拿过来和你一起吃，你愿意做我的朋友吗？"

小女孩A使劲地点点头，并且高举手中的洋娃娃说："这是我最爱的玩具，和你一起玩，让我们成为好朋友吧！"

小女孩B开心地笑了。于是两个小孩共同分享着糖果和玩具，玩得不亦

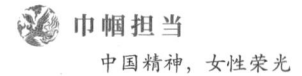
巾帼担当
中国精神，女性荣光

乐乎，她们成了真正的朋友。

我们在分享幸福的时候可以收获更多的朋友。薄伽丘说过："友谊是慷慨、荣誉的最贤惠的母亲，是感激和仁慈的姐妹，是憎恨和贪婪的死敌；它时时刻刻都准备舍己为人，而且完全出于自愿，不用他人恳求。"现在的社会中，一个人需要用朋友来缓解压力，释放心情，可是朋友是难能可贵的，怎样才能拥有更多的友情呢？分享幸福就是一条捷径。懂得分享幸福的人真诚善良，通过与别人交流幸福来维护真情，巩固情谊。

小夏和小秋是一对无话不谈的好朋友，她们经常在一起分享幸福和快乐。

"你知道吗？我最近发现练习瑜伽可以陶冶情操、减轻压力，我几乎每天下班都去练习一会儿，练完后我会发现整个人神清气爽，无论做家务还是干工作都信心百倍，力气十足。"小夏满脸兴奋地对着小秋说。

"真的啊？我一直想找一个适合我的运动项目，这下可好了，我明天就去报瑜伽班。"小秋为终于找到适合自己的运动而快乐地说道。

过了几天，小秋在网络上对小夏说："我找到一本对女人塑造人生观有益的书，一会儿我就将电子版给你传过去。"

看过小秋传送的书籍后，小夏顿时感到在书中获取了在人生道路上前行的力量。

第三章
用爱守护，世界因爱而完美

人只有在生活中与他人分享自己的幸福，才会让自己的幸福快速地成长。当我们让分享成为一种习惯的时候，你就会收获别人的体验，汲取更多的资源。

在日新月异的时代，你是否还在独自探索和耕耘幸福的土地？如果这个时候能够有人和你一起分享自己的幸福，你就会发现通往幸福的路径而省去寻找环节径直前行。当分享成为一种习惯的时候，我们就会不自觉地发现，原来大家分享的不仅是幸福本身，而是制造幸福、取得幸福的方法，将这种方法套用到自己身上，幸福就会不期而至。

小小的分享构成了永恒的幸福。懂得分享的情侣，爱情永不会褪色，因为共同拥有太多快乐与悲伤交织的回忆。在分享的氛围中长大的孩子，心不会离父母太远，因为家庭的温暖串起他成长的快乐。懂得分享的员工更容易成功，因为他能够在团队的凝聚力中汲取无穷的力量。分享，让各种感情都随着岁月历久弥香。

肆

用爱凝聚，奏响幸福温暖的乐章

有这样7个武汉咖啡师，在武汉封城的第三天，他们有的瞒着家人偷偷聚集，有的绞尽脑汁，从外地返回武汉。

他们都是响应武汉咖啡店老板、90后女孩田亚珍的号召回来的。

知晓疫情后第一时间，田亚珍想到的不是关店，而是要为那些前线奋战的医护人员，送去一点儿甜。

于是，当恐惧持续发酵，人人自危的时候，田亚珍带着7个咖啡师两班倒，每天为医院的医护人员免费送500杯咖啡。每一个咖啡杯上，都写着武汉加油，向您致敬，有您真好的字样。

疫情刚刚爆发那几天，物资匮乏，什么都跟着涨价，而田亚珍却坚持用最好的咖啡豆，最新鲜的牛奶。

他们边消毒边做咖啡，哪怕浑身都是刺鼻的酒精味，哪怕做咖啡做到手发抖，写祝福语写得手发麻；可带着香气浓郁，口感醇厚，温热的咖啡，依然被准时送到多个医院。

第三章
用爱守护，世界因爱而完美

还有疫情期间免费为医院送盒饭的饭店小老板；

还有为医护人员四处收集防护用品的志愿者；

还有为隔离小区免费派发蔬菜的菜农；

还有义务接送医护人员的出租车司机；

……

所有人都守望相助，整个世界就是一个温暖的大家，疫情会再来，可爱与温暖永远生生不息，持续传递。用爱凝聚的力量，奏响温暖的乐章，让疫情不再可怕，让人们看到生活的美好。

施人以爱、赐人以福

席勒尔曾说过这样一句意味深长的话:"世界上唯一成倍增加幸福的办法是将其分摊。"在生活中,我们许多的失意和烦扰大都是在苛求时萌生的,如果你去做那个施人以爱、赐人以福的人,别人的精神愉悦了,而最终快乐和幸福又会回到你的身边。

一位英雄叫斯坦·布洛克,他没有收入,没有存款,没有房子和车子,甚至没有什么兴趣爱好。但尽管这样,当地媒体还是称赞他为"当代英雄",这是为什么呢?斯坦·布洛克虽然一文不名,但20多年来,他和他的伙伴踏遍了全球10多个国家,免费为当地的穷人们看病,经过他们医治的病人已经高达40多万人。如果用金钱来衡量他所提供的医疗服务,那么绝对会超过4000万美元。如果全部换算成金钱,从世俗的眼光来看,他是个多么富有的人啊!

可是,他的生活令大家觉得不可思议。虽然他在美国生活了几十年,可是没有美国护照;他用1美元向一家学校租了一件废弃不用的宿舍,每天都

第 三 章
用爱守护，世界因爱而完美

在地板上睡觉，没有任何多余的被褥，只有一块一块薄薄的垫子；他的饭菜十分简单，也没有可以洗澡的浴室，他都是在院子里用那种浇草坪的胶水管冲澡；一只双目失明的流浪狗，是他今生唯一的伴侣。这只狗是他12年前收留的。而这位令人尊敬和爱戴的英雄已经70多岁了，他用博爱的心撑起了他的身躯！

布洛克没有令人羡慕的巨额财富，却一直用自己的一举一动谱写着全球慈善的传奇，他用一颗慈爱和奉献的心赢得了全世界人的尊重。

佛说："积善因，得善报"。而给予，就是在积善因，芬芳了众人，更让自己体会到了幸福。

有一家生意红火的馒头店，店里的老板每天都要蒸220个馒头，卖掉200个，剩下的20个用来接济穷人和孩子。他的馒头味美价廉，常常是200个馒头刚出锅，就被一抢而空。

大家都劝他，另外20个也拿来卖，可他总是微笑着摇头。当人们看到他把那20个馒头送给穷人和孩子的时候，脸上绽放出异样的光彩。他用20个馒头换来了别人的幸福，同时快乐了自己。

幸福的收益就是你有两个苹果，自己吃一个把另一个送给别人，当那个人有了两个梨，他就会把一个梨送给你，你不但吃到了苹果也尝到了梨的滋味。

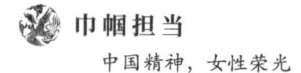

回望人生，茫茫人海，有多少人曾在我们的生命中匆匆走过。有的人身影模糊，无法记起，有的人却印象深刻，永生铭记。被永生铭记的是那些在自己走过的时候，曾经给予别人爱和帮助的人。他们的帮助或许很微小，但却让别人感受到了温暖和希望。只有学会给予的人，才会赢得别人的喜爱，也会实现自我满足。不要去计较付出，要相信付出总会有回报，这种回报不局限于形式。总有人抱怨生活中缺少幸福，其实他们忘记了，在通往幸福的旅途中，有一站叫"给予"。

幸福就像一条清澈的小溪，而给予便是小溪的源头，只有不求回报源源不断地给予，幸福之河才会奔流不息，释放永久的活力。

第三章
用爱守护，世界因爱而完美

善良之初心，责任之担当

"善良与担当"是中华民族的传统美德。善良之初心，责任之担当。善良的基础，是让世界上的人和事都向好的愿望，让自己的内心纯洁和柔软，富于同情和悲悯。善良不是自我标榜，善良也不仅仅是说内心有就可以，善良是在与人相处中体现出来的，是每一次帮助别人的举动。真正的善良是心甘情愿的，善良是一种勇气，也是一种担当。

善良的品格如同沙漠里的绿洲，给人希冀。善良是拯救人性的良药。一个善良的女人，会给人春天般的温暖，更会给人天使般的感觉，正是因为内心的那份善良，才会为维持和谐的社会秩序贡献一份力量。试想，假如人人为己，自私自利，甚至为了自己的利益而你争我夺、恶语相向、大打出手，那么社会秩序将会何其之乱，而失去了良好的环境，大家赖以生存的空间便不能安定和谐，那么，我们的生活又怎么能够得到保证呢？

善良虽博大如海，却又蕴于简单而平易的细节之中：它是风雨中悄然为你撑开的一把伞，给你庇护；它是寒冬里为你燃起的一盆火，给你温暖。更

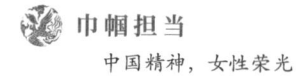

多的时候，善良是一句亲切的问候，一个善意的微笑，一声真诚的祝福。善良是人性光辉的体现，是奠定人们高尚精神和道德的基本品质。心底无私是善良，默默奉献是善良，帮人做一些力所能及的小事也是善良。

善良的女人，不会有恶劣的行为，对于生活中的问题，她们总是用温柔与智慧的方式去解决，她们不会招来别人的厌恶，反而让人充满敬意。虽然社会大舞台上的人形形色色，但是她们却总能够保持自己的本真，以善良之心待人待物，时刻散发着人性的光辉。这样的女人让人赞美，让人敬慕。

其实，"善良"这个词汇，是多么单纯，但却又是多么有力。它浅显易懂，它与人终生相伴，但愿我们能常追随它、善用它，因为老祖宗早就叮嘱过"善为至宝"，一生用之不尽啊。

一个刚离异的女人，独自一人搬到了一栋公寓楼里，她的隔壁，住着一个寡妇和她的两个孩子。有一天晚上，楼里突然停电了，这个女人拿出蜡烛。

忽然，她的房门被敲响了。打开门一看，门外站着邻居家的小男孩，他怯生生地问：阿姨你好，楼里停电了，你有蜡烛吗？女人想道：这家也太穷了吧！竟然连蜡烛都没有。不能随意借给他们东西，以免将来不管什么都找我来借。于是，对孩子吼了一声说："没有！"

说罢就要关门，但令他惊讶的是，小男孩居然腼腆地笑着说："我猜你可能就没有准备蜡烛！"说完，竟从怀里拿出两根蜡烛，说："妈妈说怕你一个人住又没有蜡烛，所以让我带两根来送你。"此刻女子自责、感动得热

第 三 章
用爱守护，世界因爱而完美

泪盈眶，将那小孩子紧紧地拥在怀里。

我们每个人只有对别人充满爱心，才能够唤醒别人的感恩之心。

当别人遇到麻烦时，明明是举手之劳，可有的人却选择视而不见，那么，当他们自己遇到麻烦时，又有谁愿意出手相助呢？人和人是相互依存的，一个篱笆三个桩，不可能有谁具有万能的本领，虽说献出一份善良、一份爱心并不是为了获得回报，可是当自己袖手旁观的时候，何不来个换位思考，假如那个遇到麻烦的人是自己，心中又会是何感受呢？

用爱面对每一天、每一个人、每一件事，心中就不会堆积烦恼，世间的纷争也会减少。天地虽宽，只要用无限的爱心去启发、引导，力量就不会间断。

爱惜自己，追求幸福，是人的本性之一，然而同时也别忘记关怀他人，让别人也能拥有幸福，让社会多点温情。因为，唯有相互关怀、体谅，才是赖以创造出人类共同富裕及幸福生活的力量。

唯有主动付出，才有丰盈的果实得以收获。别人站得远，我们就走近，距离便会缩短；别人若冷漠，我们持以热情，就会让彼此靠近。

慷慨无私地为别人着想，就像播种一样，总能看到收获，尽管这种收获有时是直接的，有时是间接的，但是有良心、重情义的受益者终究会把爱的种子珍藏于心，直到永远。

"人之初，性本善。"善良的女人胸襟博大，富有爱心。也许她们不曾想过，将爱心的种子播撒出去的时候，会收获丰富的果实。但是只要有一颗善良的心，生活所给予她们的不会只是重负，只是坎坷。善良的心比金子更珍贵，你无意中帮了别人一把，或许会让他在生命中看到希望，从而继续努力，走向更美好的未来；你一句宽慰的话，或许就会解开一个心结，让他不再意志消沉。善良的女人心如白雪，洁白无瑕，她们是最美丽的天使，因为善良，她们的人生也会更加多姿多彩。

生命就像一种回声，你送出去什么它就送回什么，你播种什么就收获什么，你给予什么就得到什么。学会将心比心，怀着一颗善心去做事，哪怕是小事，也会让别人铭记于心。或许你眼中的杯水车薪却是别人眼中的雪中送炭。我们都是平凡人，只能怀着一颗伟大的心做平凡的事。不求回报，不求酬劳，只是把积聚在自身多余的爱去跟别人分享，在享受爱的时候也感悟生命的真谛。

第四章

仙姿自在凡尘里

大美长存澹静中

佚名 《你是个如月的女子》

你是一个如月的女子，

心却比月光更皎洁，更明亮。

你是一个衔玉而舞的女子，

谦谦风姿，比玉更温润更柔软。

你就是释迦牟尼手中的拂尘，

莲的纤尘不染，因你的玉洁冰清。

你就是一朵自由行走的花，

几度秋来几度凉，无欲是精神。

你啊，你就是如月的女子，

日思夜想，其实，

看到你的时候并不多。

你啊，起舞弄清影

看见你，想起的是飞天，

云作霓裳风为羽。

你每一个细节的律动，

就是一首歌。

壹

永恒的女性，引领我们上升

前阵子有一组数据，上海市妇联统计，出征武汉的医生，超过 50% 是女性，护士更超过 90%；山东省妇联统计该省援鄂医疗队的 1385 人中，近六成是女性。

不仅医护人员如此，在火神山建设过程中，不论是工程师还是建筑工人，也有很多女性，她们和男性一样昼夜不停地工作，为火神山的建设贡献着自己的力量。

在国家与社会需要时，她们从不后退，而是勇敢迎上去，撑起半边天。

女性也不仅是母亲、妻子，她们还是艺术家、摄影师、作家、商界领袖……

可见，女性不是弱者，她们勇敢、独立、坚强、豁达，她们跟随时代的脚步，变得更加强大。

在中国梦崛起的今天，中国女性的力量再次优雅华丽地绽放于世界舞台。扑面而来的互联网时代颠覆了时代和传统，更多的女性被更加自由地解放出

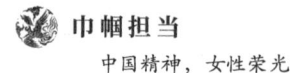

中国精神，女性荣光

来。她们从"妇女能顶半边天"的使命担当，到"上得厅堂、下得厨房"的素质嘉许，从"妆得出美丽，拼得赢职场"的自我张扬，女性魅力不断累积。女性之成功，在于智慧、胆识与胸怀，在于她们对自己负责，对家庭负责，对工作负责，对社会和国家负责的担当精神。

第四章
仙姿自在凡尘里，大美长存澹静中

对自己负责，女人一定要做自己

有一首诗，这样写道：

> 如果你不能成为山顶上的高松，
> 那就当棵山谷里的小树吧——
> 但要当棵溪边最好的小树。
> 如果你不能成为一棵大树，
> 那就当丛小灌木；
> 如果你不能成为一丛小灌木，
> 那就当一片小草地。
> 如果你不能是一只麝香鹿，
> 那就当尾小鲈鱼——
> 但要当湖里最活泼的小鲈鱼。
> 我们不能全是船长，必须有人也当水手。

中国精神,女性荣光

这里有许多事让我们去做,有大事,有小事,

但最重要的是我们身旁的事。

如果你不能成为大道,

那就当一条小路;

如果你不能成为太阳,

那就当一颗星星。

决定成败的不是你尺寸的大小——

而在做一个最好的你!

对!女人最重要的就是要做自己。你可能成为不了英格丽·褒曼,也成为不了林徽因,那就坚定地去做自己,自己去主宰自己的人生,这才是对自己的人生负责的表现。

林梓楠是广东一鸣文化传播公司经理,是个活动在艺术领域、酷爱舞台艺术的女性,也是一个能够主宰自己命运的女人。

林梓楠与其他女性不一样,她常常问自己要做一个什么样的女性。她为自己的人生定下了三个目标:做一个热情的女性,一个有担当的女性,一个温柔的女性。她解释自己的三个目标,热情是驱动一个人向前的动力;有热情的人必须对人、对事有热情;担当,就是做对大家、对社会有益的事情;而温柔呢,当然不是那种小家碧玉式的温柔,而是一种宽容、一种体谅和对

第 四 章
仙姿自在凡尘里，大美长存澹静中

别人的关怀。其实，林梓楠的温柔是透出一种坚强的，这也是从小培养出的一种品质和毅力。

在遥远的西方有一个年轻的国王亚瑟，有一次他被邻国抓获，成了俘虏。邻国的国王对亚瑟王说："我可以不杀你，还会放了你，但你必须回答我一个问题，时限是一年。如果过了一年你仍然回答不出，我就要攻打你的国家。这个问题就是：女人真正想要的是什么？"

亚瑟王被释放后就开始苦苦地思索，怎么也想不出答案，于是他向别人寻求帮助。他问了公主、妓女、牧师、智者、宫廷小丑等等，可是没有一个能给出满意的答案。

眼看着时间一天天地过去了，一年的期限马上就要到了，再找不到答案就要战火四起了。

这时人们告诉亚瑟王，在森林深处有一个老女巫，只有去问她才能得到答案。

当亚瑟王找到女巫时吓了一跳，因为她长得太难看了！满脸脓包，皮肤皱皱巴巴，嘴里只有一颗黄黄的牙齿，耸着肩，驼着背，浑身上下散发着一股极其难闻的气味，与其说是人，还不如说是一个怪物来得贴切。

女巫听了亚瑟王的来意后说："我知道问题的答案，但你要答应我一个条件，我才能把答案告诉你。那就是让你最好的朋友加温和我结婚。"

亚瑟王大吃一惊，他怎么能让这么丑的女人和自己最好的朋友结婚呢？

然而，当加温知道这件事情后主动对亚瑟王说："为了国家的和平和你的生命，我愿意和女巫结婚。"

于是，女巫和加温举行了婚礼。在婚礼上，她告诉了亚瑟王那个问题的答案："女人真正想要的是为自己的命运做主！"

答案终于浮出水面了，大家不必再担心战火四起，然而另一个忧虑随之而来，

大家不知道加温今后将如何日夜面对一个丑陋的女巫。

当加温走进新婚之夜的洞房时，竟然惊奇地发现一个从未见过的美丽少女坐在婚床上。

美少女对加温说："我就是那个丑陋的女巫，为了答谢你不嫌弃我跟我结婚，我愿意在一天的一半时间里变成美少女。你愿意我在白天变得美丽还是夜晚？"

加温想了想说："既然女人最想要的是为自己的命运做主，那么就由你自己决定吧。"

女巫听了很感动，她决定在白天和夜晚都变成美丽的女人。

一个来自西方的古老故事，道出了所有女人内心深处的声音：自己承担自己的人生与命运！

习惯一切由自己做主让女人更有担当。

能为自己做主的女人有从容不迫的气度，即使面对突发事件，也不会慌

第 四 章
仙姿自在凡尘里，大美长存澹静中

乱不堪或是优柔寡断，也许她会征求他人的意见，也许会有一段时间的思考，但最终她会通过自己的判断决定应对方法。她会对自己做的所有决定负责，不依赖，不推诿。

习惯一切由自己做主让女人更容易实现梦想。

女人天生喜欢做梦，在脑海中为自己编织了无数美好的梦想，然而并不是每个女人的梦想都能实现的。看着别人美梦成真，她们总是想不通为什么同样的出身、同样的背景、同样的外在条件，自己的梦想却迟迟实现不了。

这其中一个重要的原因就是她们缺少主见。一个没有主见的女人，不能对自己负责就不能冷静、理智地为自己规划未来的道路，只是跟在别人身后照章办事，就算是有梦想也很难坚定不移地去实现它。

有一个从农村来到大城市打工的女人，在一家老字号饭庄做勤杂工。她想跟大厨师学手艺，可是人家根本不教她，只是让她干些扫地、洗菜的杂活。

这个女人一点也不在乎，仍然勤勤恳恳地工作。她很注意观察大厨师做面点的手法，并暗自记在心里，然后每天都比同宿舍的女工提前两个小时起床，天不亮就到饭庄，打扫好卫生后就自己按照记下的手法练习。

其他女工很不理解她的做法，还取笑她说："你这么勤奋有用吗？人家会把独门秘技传给你吗？你只不过是个打工的，做得再多再好也是为别人干活！"

那个女人听到这些言论后只是笑笑，仍然坚持着自己的做法。通过长时

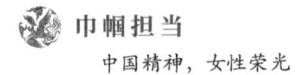

间的自学,她也掌握了一些做面点的手法。

有一次饭庄来了一批重要的客人,点名要招牌面点。可很不凑巧,大厨师那天恰恰生了病,没有人能做这道招牌面点了。饭庄经理急坏了,不知道如何是好。

就在所有人都一筹莫展的时候,那个女人对经理说:"能让我试试吗?我平时见大厨师做过。"

所有人都不相信地看着她,一个勤杂工怎么可能会做呢?但事已至此,经理抱着死马当活马医的心态让她试试。

出乎所有人意料之外,女人很娴熟地制作起来,虽然没有大厨师做得好,但也像模像样。有了她的帮忙,再加上经理向客人进行了一番诚恳地解释,难题总算顺利过关了。

经过了这次的事后,大家都很看好她。大厨师收她为徒,手把手地教她面点工艺。有了名师的亲传,再加上她自己的努力,很快就可以独当一面了。

现在的她已经不再是一名普通的勤杂工了,而是被饭庄的老板亲点为老字号饭庄的下一代传人,很多媒体都慕名前来采访她。

当一名记者问道她是如何从一个农村来的打工者变成了同龄人中的佼佼者时,她的回答朴实而真挚:"我并不比别人能干,只是多了一些主见。我喜欢按照自己的想法做事,而不会理睬别人议论什么。"

这就是为自己做主的力量,能把梦想变为现实。道理虽然简单,却并不

第 四 章
仙姿自在凡尘里，大美长存澹静中

是所有女人都能做到的。有些女人习惯性地把自己的命运交给别人，无论什么事情都要问别人的意见，一有风吹草动就摇摆不定，不知道该如何是好。

听取别人的意见是对的，但不能没有自己的见解。对于一些自己没有经历过的事情或拿捏不好的事情可以向其他人请教，综合各方面的意见，再自己分析判断，最终得出结论，如果认为是对的就做下去，不要理会旁人的非议。

每个女人的青春都是有限的，只有为自己做主才能在有限的青春中早一天实现梦想。

习惯一切由自己做主不代表固执和任性。

有些女人相当有主见，凡事都要自己说了算。如果别人提出不同的或相反的意见，她连想都不想就认为那是错的，只有自己的才是正确的，稍不如意就耍小脾气，谁劝也不听。

这就陷入了一种误区，把主见变成了固执和任性。这样一来，不但没办法为自己选择正确的道理，还会缺少女人味，让人敬而远之。

真正能为自己做主的女人绝不是刚愎自用的，当面对别人的否定时，会首先冷静地思考一下，看别人说的是否言之成理，有道理就接受，没道理就坚持自己的想法。

让一切都由自己做主一定要把握好尺度，理解做主的真正含义。要知道，只有你自己才能担当起自己的未来与命运。

唯有勤奋，才能担当

有人说"桥的价值在于承载、人的价值在于担当"。担当就是接受并负起责任，要想担当，除了勇气可嘉、精神可勉外，还需要付出难以想象的艰苦劳动，需要付出勤奋的汗水。

勇于担当是一种精神，勤奋刻苦则是行动。没有行动，只有空喊的担当就变成了无源之水，无本之木。生活中那些有担当的女人，她们所取得的成功，靠的不是美丽的容貌，也不是自己的天资，而是踏踏实实的奋斗历程，在她们成功的背后，付出了很多的辛苦和汗水。奋斗不息的女人总是会感动很多人，让很多人肃然起敬。

娱乐圈是个新人辈出的行业，用"长江后浪推前浪，前浪死在沙滩上"这句话来形容演艺界激烈残酷的竞争，一点不为过。在这个圈子里从来不缺美女，有多少靓丽艺人红过三年五年都会淡出圈内，而汪明荃，虽然清丽俊秀却也称不上是绝代芳华，可是她却创造了一个奇迹，年过七十，从艺五十

第四章
仙姿自在凡尘里，大美长存澹静中

多年至今艺压众芳，被尊为香港演艺圈中的"阿姐"。

当然汪明荃的成功，是她背后所付出的无数辛苦和汗水铸就的。

汪明荃出生后是和祖父母一起生活。"明荃"这个清雅秀气的名字，是父亲特别为她而起。荃是一种香草的名字，明荃暗指崇明岛上的一棵小香草。她的父母希望女儿就像崇明岛上一棵平凡的小香草，平平安安、无风无浪地度过一生。汪明荃于1956年秋天到香港定居，因为爱表演，所以应考"丽的映声"艺员训练班。从一千多名报名者中，只录取九名，她成了其中一位，从此她展开了演艺事业。后来为了使自己的演艺更进一步，她自费前往日本深造，这在当时来讲是一项非常大胆的举动，而学成归来以后，也证明了她选择的正确。

20世纪70年代是汪明荃最风光的时期，当时许多重头戏都是由她担任主角，其中家喻户晓的《家变》演女强人洛琳一角，形象深入民心，更是因此奠定汪明荃在香港电视界"一姐"的地位。1980年，她凭借电视剧《万水千山总是情》里的热血爱国女学生形象，并主唱电视剧的插曲《勇敢的中国人》而赢得观众的爱戴。

此后，红火的汪明荃一发不可收拾。1982年，与罗文及米雪合演《白蛇传》；1995年举行首次红馆个人演唱会；1997年为香港话剧团演出《谁遣香茶挽梦回》；1999年演出《创世纪》；2001年演出《婚前婚后》；2002年为香港剧团二十五周年演出赖声川七小时长篇巨作《如梦之梦》；2008年演出《野蛮奶奶大战戈师奶》，等等。

当有人问她为什么能保持如此久的人气时,汪明荃说:一路以来我觉得自己很幸运,有很多机会。我一直认为自己不是出色的艺人,而是勤奋的艺人,我的先天条件并不算特别好。我每年做总结时,都不敢相信自己做了那么多的事情。

一次,汪明荃到电视节目《鲁豫有约》做客,经纪公司特地在北京为她请了一位新的化妆师。由于之前没有进行过合作,虽然化妆师在业内也颇有名气,但她还是坚持一定要在节目录制的前两天进行试装,从化妆到发型设计,再到饰品和服装的搭配都试过,在感到满意之后才放下心来。

而参加本次《鲁豫有约》的录制,适逢她来北京参加政协会议,繁忙的工作之余,汪明荃并没有忙里偷闲。在政协会议的间隙,她的时间表里安排了满满的社会活动和参加电视节目的录制。她几十年如一日的勤奋与坚持甚是令人感动。而这种"勤奋与坚持"不同于别人,不是一时一事,而是时时事事。

业内人士曾这样评价汪明荃:"她好像一列火车头,开出去了就不会停止,并且没有终点。"这就是她的性格,也是她成功的原因。

很难想象一个女人在20世纪60年代的香港,电视刚刚起步的时候,就打拼出了自己的一番天地,并且先后拥有众多角色,主持人、演员、歌手、人大代表、粤剧名伶……她把每项工作都尽情地做到了极致。

在中国,尤其是在古代,一介弱女子想要取得成功,想要建立功业,实

第 四 章
仙姿自在凡尘里，大美长存澹静中

在是太难太难的一件事情。世俗的社会，多多少少都会带有一些男女偏见，认为世界是男人的世界，女人就只能站在世界的边缘。

现今的社会，已经有了很大的进步，自然不会再像古代社会那样男女界限非常森严，但是男女偏见却还没有完全消失。虽然大家都在呼唤男女平等，但是社会却还没有做到真正的男女平等，且不说别的，光看看女大学生就业时那道无形的"男生优先"的门槛吧，这道门槛就把很多女大学生堵在了工作门外。每一位女生也都想展现自己的价值，用自己的勤奋和努力收获一份成功。

提到罗琳，估计很多人不认识，但是如果提到哈利·波特，那么恐怕是无人不知、无人不晓了，而罗琳就是哈利·波特系列图书的作者。

1965年7月31日，英国女孩罗琳出生在格温特郡的一个普通家庭里。父亲是飞机制造厂退休的一名管理人员，母亲是实验室的一位技术人员。小时候的罗琳相貌平平，戴着眼镜，有一点害羞，还有一点野。但是罗琳小时候非常喜欢学习，喜欢写一些小故事，那时候，妹妹就是罗琳的读者对象。

罗琳一直非常喜欢文学，在读大学的时候她主修的是法语和古典文学。毕业之后的罗琳独自一人到葡萄牙去发展，在那里罗琳有了一段婚姻，但是很快就离婚了。离婚后的罗琳独自一人带着三岁的女儿回到了英国，住在爱丁堡一间没有暖气、很小的公寓里，在没有工作且最困难的时候，她们母女两个只能靠领着政府微薄的救济金来生活。

作为一个单身母亲，罗琳和女儿的生活一直都很辛苦。作为勤奋又独立的女性，她相信自己的努力一定会获得回报。在开始写作哈利·波特系列的第一本书《哈利·波特与魔法石》的时候，因为罗琳住的公寓里没有暖气，罗琳就经常会到离自己家很近的一家咖啡馆里把哈利·波特的故事零零碎碎地写在一些小纸片上。就是在这样艰苦的条件下，罗琳写出了一部世界历史上最畅销的书，一跃从穷人变成了全球最富有的作家。

冰心曾这样说过，"成功的花，人们只惊慕她现时的明艳。然而，当初她的芽儿，浸透了奋斗的泪泉，洒遍了牺牲的血雨"。确实如此，那些在自己的人生舞台上绚烂夺目的女人，相信都经历过一段艰苦卓绝、可歌可泣的奋斗史。成功从来都没有捷径，尤其对女人来说更是如此。

贰

找到自我，自信是充盈的生命力

女人和所有人一样，生出来就是自由而独立的存在。时代在进步，社会对待女性的态度，也应当有所改变，承认女性力量的博大。赞美中少一些先入为主，"虽然你是女的，但做得很好"。更不要把女性的敬业爱岗与牺牲挂钩，在工作中，不分男女，每个人都是最美的劳动者。

正如人民网的评论：女性逆行，尊重比赞美更重要。尊重女性的生理特征，尊重她们的意愿与思想。

而女性，也不必轻视自我，更不必活在旁人眼光里，因为生活是自己的，你要自信活出生命的精彩。

正如西蒙波伏娃在《第二性》中所说："有一天，女人或许可以用她的'强'去爱，而不是用她的'弱'去爱，不是逃避自我，而是找到自我，不是自我舍弃，而是自我肯定。"女人一定要自信，这种的自信不是个人的狂妄，自视清高，目中无人，而应该是一种"我不下地狱，谁下地狱"的担当；女人的担当不是战战兢兢，如临深渊，如履薄冰，而应该是一种"当今之世，舍我其谁"的自信。

自信是担当坚强的后盾

敢于担当,首先要有坚定的"担当自信",只有相信自己的能力,才敢于勇挑重担,才能担负起属于自己的责任。一个有担当的女人,一定是一个自信的女人。

自信品质,是女人一生中最宝贵的财富。即便一个女人的相貌平平,身材也一般,但是,只要她能够拥有足够的自信,依然不妨碍她焕发迷人的光彩,她的自信依然能够让她折服身边的每一个人。所以,女人啊,不管你现在是二十岁,是三十岁,是四十岁,还是五十岁了,只要你时时昂起自信的头,常常让嘴角挂满自信的微笑,那么,你就能够活出属于自己的那一份独特的风采。

在美国庞大的律师群体中,有这样一个与众不同的女律师,她的外貌很丑陋,但是她的口才却特别棒,这位女律师就是科尔。每每在法庭上作为一名律师时,科尔那扭曲的面貌总会让大家惊讶不已,甚至恐惧不已。但是,

第 四 章
仙姿自在凡尘里，大美长存澹静中

就是这样一位丑陋的女律师，却常常会在法庭上用自己渊博的学识、言辞犀利的口才、咄咄逼人的强大气势，震惊在座的所有人。科尔曾经为无数的当事人打赢了官司，她在律师界的口碑一直很不错。

可能很多人会问，为什么容貌这么丑陋的科尔会选择成为一名天天面对公众的律师呢？为什么她不选择一些可以少面对公众的工作呢？

科尔是家中唯一的女孩，童年时代的科尔长得非常娇俏可爱，而且是聪明伶俐，父母一直都把科尔当成是掌上明珠。

在科尔升入中学之后，有一天，在科尔的下巴上突然出现了几个很小很小的圆形的白斑点，科尔当时也没有太在意，只是觉得很奇怪，就用自己的手指揉了揉，可是也没有什么异样的感觉。一个星期之后，科尔脸上的白色斑点不但没有消退，反而是连成了一片。父母觉得事情不对劲，就立刻带着科尔到医院去做皮肤检查，医生经过一番检查之后，得出的结论是：科尔得了一种很普通的皮肤白斑病，只需要对症下药，涂些相应的药膏就好了。

可是，又一个月过去了，科尔脸上的白斑不但没有消退的迹象，面积反而越来越大了。在接下来的日子里，科尔的身上还表现出了一些其他的非常奇怪的症状，科尔原来有一头非常漂亮的金黄色长发，竟然变成了灰白色，而且开始大把大把地脱落。除此之外，科尔的右眼开始向下倾斜，鼻子开始向右扭曲，左侧的嘴角也开始向上翻起来，就这样，科尔原本一张非常漂亮的面孔完全变了形。

看到女儿容貌的变化，科尔的父母着急坏了，再次带科尔到医院的五官科做详细的检查。这一次，经过检查之后，得出的结论是：科尔得了一种非常罕见的进行性面偏侧萎缩症。这一类的病症会随着患者年龄的增大而变得越来越严重，患者的五官会慢慢地萎缩一直到完全消失，到了最后，甚至整张脸会萎缩成一个小洞。

更加让人感到恐惧的是，对于这类病症，到目前为止，在全球范围内都没有有效的治疗方法和手段。也就是说，对科尔的病症，医生们束手无策。

但是这种病也不是那么可怕的，至少它不会危及患者的性命。听到这里，坚强的科尔在内心重新又燃起了一团希望的火焰。科尔想，既然自己还是和其他人一样，享有同样的生命权，那么，自己就一定要通过努力和奋斗来证明自己生命的存在是有价值和有意义的。从此以后，科尔更加刻苦努力地学习，她几乎次次都包揽全年级所有学科的第一名。

但是，在学校里面，经常会有一些调皮的男孩子捣乱，他们会突然拦住科尔的去路，然后模仿科尔扭曲的脸。还有些同学给科尔起了很多难听的外号，如"歪鼻子""白头翁"。甚至在科尔的班级里面，没有一个同学愿意和科尔同桌。就这样，科尔被大家无情地隔离到了人群外面。

到了科尔17岁时，一天，科尔正坐在班级里面上数学课，突然感觉自己右眼的视线变成了一片黑暗。科尔心头一惊，她马上就明白了，这就意味着从此以后，自己的右眼就要失明，这也是自己的病情日益严重的表现之一。

但是，科尔还是坚持继续读书。后来，科尔以优秀的成绩考上了一所不错的大学。走进大学校园的科尔，依然是同学们眼中的"怪物"，没有一个

第 四 章
仙姿自在凡尘里，大美长存澹静中

同学愿意主动接近她。更有甚者，还会偷偷地拍下科尔的照片，并把她的照片散布到了网上。看到科尔照片的网民们，有一些是对科尔不幸遭遇表示同情和鼓励，而更多的人则是对丑陋的科尔冷嘲热讽，甚至还有人咒骂科尔，说她不应该把自己那么恐怖的照片发到网络上吓唬别人。更加让科尔意想不到的是，网民们还对知名大学是否应该录取科尔这样的"丑八怪"展开了激烈的论战，有很多的网民都觉得科尔的相貌实在是太丑陋了，这样肯定会影响学校的形象和声誉，他们建议学校应该开除科尔。面对这么大的精神压力，科尔只能自己一个人默默地承受。

有一天，在社会心理学的课上，老师让同学们讨论一下自己的理想。教室里一下子就炸开了锅，同学们都神采飞扬地开始讨论起来了，只有科尔默默地坐在自己的座位上。随后，老师让同学们一一起来发言，谈一下自己的理想。轮到科尔的时候，还没等到科尔开口，就有一个男生不怀好意地抢着喊道，肯定是整容了，科尔的理想一定是去整容。那个男生的话音未落，教室里就想起来了一片哄笑声。

可是，科尔不但没有生气，反而转过头来，表情非常认真地看着那个男生说道：你说错了，我的理想并不是整容，因为我的相貌之所以如此，是因为疾病，即便是整容也改变不了我脸上的残疾和缺陷。其实，我的理想是成为一名律师。

科尔话音刚落，教室里再次响起了一片哄笑声。同学们你言我一语地说着：

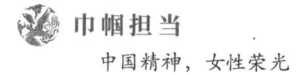
中国精神，女性荣光

"是'丑八怪'律师吗……"

"真不知道谁会有这么大的胆子，竟然敢请这样的律师出庭"

"天哪！考验法官们胆量的时刻就要到了！"

但是，科尔没有理会同学们的冷嘲热讽，而是继续非常严肃也非常坚定地说：我想要成为一名律师，这样一来，我就能够去帮助那些可怜的受害者们，也能够去帮助那些因为身患残疾而遭到别人歧视的不幸的人。

科尔说完这些话，教室里立刻安静了下来，每一个同学都陷入了深深的思考中。4年之后，科尔顺利地毕业了，在这期间，科尔还凭着自己坚持不懈地努力考取了职业律师资格证。

现在，女律师科尔经常会出现在法庭上，为她的当事人打官司。每一次在法庭上，科尔特殊的外貌还是会遭到一些人的嘲笑甚至是轻视。科尔的病情也一直在不断地恶化着，医生甚至断言，科尔的右脸颊将会慢慢地萎缩一直到消失。

科尔说："有一天我的脸可能会消失，但只要我的生命还在，我会继续证明，容貌的美并不重要，重要的是你生命中的自信和坚强。"

科尔说得一点也没错，每一个女人的一生中都会扮演很多的角色，都要承担很多的责任，能够帮助她演好每个角色、承担好每份责任的坚强后盾就是她的自信心。

自信的女人，每时每刻都是容光焕发的，她们会昂首挺胸、神采奕奕，

第 四 章
仙姿自在凡尘里，大美长存澹静中

并且信心十足地投入到自己的工作和生活当中去。自信的女人会用积极的心态来面对现实生活中一切挫折和磨难，她们会用微笑面对别人的冷嘲热讽，会用实际行动去捍卫自己的那份神圣的尊严。

自信的女人对待任何的事物都是干脆利落，从不拖泥带水。自信的女人，即便是没有美若天仙的外貌，但是在她们的言语之间，在她们举手投足的一瞬间，都会洋溢着一种美好而且让人很舒服的感觉。自信的女人在人群中依然是那样的夺目，依然是那样的耀眼，因为自信的女人是最有魅力的。因为有了自信，这样的女人才会让自己的人生处处充满靓丽的色彩。

有很多的女人因为太过在意自己的外表，从而失去了自己的自信。外表的美丽，只能让人眼前一亮而已，可是内在的魅力，却会让人回味无穷。每一个女人，都要自信，还要学会从容、优雅和淡定，这样才可以让每一个女人无论是在什么样的年纪，都能绽放自己的魅力。

心态会影响到我们的气质。同样的一张脸，阴郁的时候和阳光的时候，给人的感觉是完全不同的；同样的一个人，低头弯腰的时候和昂首挺胸的时候，呈现出来的也是两种完全不一样的效果。女人要拥有平和从容的气度，也要拥有自尊自信的稳重，只有这些，才能够让不再娇嫩的肌肤永远散发着迷人的光芒，才能够让你的一颦一笑都散发着成熟的馨香。这样的女性之美有别于青春之美，是耐人寻味、回味不已的美。

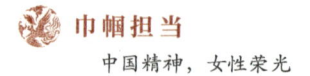

坚信自己是独一无二的

诗人这样说，自信是一首诗，总能够让我们在平平常常的语句中读出内心里那一种有利于人的深邃的精华；歌者这样说，自信是一首歌，总会让我们在舒缓的旋律中欣赏那些跳跃着催人奋发的音符；哲人这样说，自信是一种人生状态，它告诉我们每天都要积极向上，不要总是妄自尊大，也不要自大自负。

做人就要有担当。你有多大担当，你就有多大舞台；你有多大舞台，你就有多少展示你才华的机会。勇于担当，生命才会更有意义。担当需要有胆识和气魄，担当需要勤奋与努力，担当更需要自信与自强。

一个自信的女人，能够肩负起社会赋予自己的每一份责任；一个自信的女人，承受得了挫折，享受得了成功；一个自信的女人，才是一个真正有担当的人。

自信的女人懂得如何经营自己的家庭，她们能够自如地做到让整个家庭都和和睦睦的，让父母顺心、让丈夫放心、让孩子开心。自信的女人会经营

第 四 章
仙姿自在凡尘里，大美长存澹静中

好自己家庭的开支用度，会时不时地带给家人一些惊喜，让自己的家庭天天都快快乐乐的，每一个家庭成员都笑口常开，让笑声常驻自己的家中。

自信的女人懂得如何经营自己的友情，她们会是最好的良师益友，永远会在朋友最需要的时候第一时间出现，永远会用自己自信的微笑去驱散朋友心中的阴霾，永远会用温柔的话语去宽慰朋友心中的苦闷，永远会用最真诚的笑容和朋友一起分享成功的快乐喜悦。

在中国，有一个非常自信的"80后"新锐独立唱作开路人，她叫吕佳。吕佳创作的《信断尼罗河》，迅速成为大街小巷传唱的歌曲。

吕佳小小的年纪就自立门户，成立了自己的独立音乐厂牌"莲出音乐工作室"。吕佳的声音剔除了一切杂质，回归到了音乐最纯洁的本质状态，在清新中透露出另类的风味，充满了青春的自信。

吕佳虽然只是一个瘦小的小女生，但是她对音乐的自信却令人震惊。一开始，在连安身之处都没有找好的情况下，吕佳就孤身一人跑到了北京，成为一名"北漂"。刚一开始到北京的时候，吕佳有过痛苦无助，也有过孤独寂寞，也有过疲倦至极一片迷茫，更有过痛苦绝望。尽管如此的困窘，但是吕佳还是坚持了下来，吕佳的话语中流露出来的是满满的自信。吕佳说自己很庆幸，因为在小的时候，自己的梦想就被紧紧地握在了自己的手上。在沧海桑田的变化之后，自己依然执着地坚守自己的梦想。吕佳说自己要依靠自己，更加坚强地去做好音乐。用吕佳自己的话讲，那就是，"有梦想

就可以飞翔,有歌声就可以嘹亮"。

于是,今天的我们也非常幸运,因为我们听到了吕佳最动听的歌唱,看到了吕佳美丽的飞翔。在吕佳的音乐里,会有淡淡的忧伤,也会有淡淡的绚美阳光。在歌声中,你能听到吕佳低低地叙说着往事,在宁静中追寻着对生活的感知。

吕佳的歌曲风格非常朴实,也非常细腻,她不会去用太多的绚丽技巧。吕佳的歌声,没有经过任何的修音,我们倾听的时候,甚至都可以听得到她的呼吸,听得到她动情处的哽咽,也听得到她的心跳。吕佳把内心千千万万真挚的感情化为了涓涓细流,流淌在每一个音符当中。

吕佳那纯净的演唱方式,那毫不矫揉造作的清澈,就像是泉水般浑然天成。吕佳会用最简单的语言,唱出一种蕴涵着震撼力量的完美音乐,会深深地唱到你的心坎里去,会在不经意间触动你脆弱的心弦。吕佳用自己朴实的音乐深深地打动着每一位听众,她的音乐散发着一种独一无二的光芒,这才是最自信的音乐。

吕佳式音乐的流行,也许可以说是一场彻底地颠覆,是一种女性的自信引发了时代的共鸣。吕佳作为"80后"的新锐独立唱作的创作人,她凭着自己独特的声音和非常具有个性的音乐才华,得到了音乐评论者的广泛关注,受到了媒体和歌迷的厚爱和追捧。

自信的女人,不会在挫折面前低头,不会在困难面前弯腰,可以坦然地

第 四 章
仙姿自在凡尘里，大美长存澹静中

面对生活中所遭遇的一切艰难困苦，并在克服困难中完善自己、提升自己，努力让自己变得更加完美。虽然世界上没有真正的完美，但是自信可以让自己接近完美，这也是一种"最美"的体现。因为自信，女人可以看到自身的价值和迷人的魅力，也可以体会到生活中的美好和温暖。每个人都有一些人生中的重要时刻。之所以说这些时刻重要，是因为一个人的成就往往取决于某些短促的瞬间。在这些时刻，怎样选择将决定自己的未来，而这些，都需要充满自信，敢于面对。

恋爱时的女人如果缺乏自信，总是患得患失，心事重重，就无法感受到因为爱情而带来的甜蜜快乐，应该有的光泽也不会在她的脸上表现出来。一个女人只要拥有自信，即使不漂亮，也会因为爱情的滋润变得灵动美丽起来，因为她会一直坚信自己找到了幸福的另一半。

人们都说新娘子是最美的，可是如果新娘子缺乏自信，少了对未来生活的信心，即使婚礼那天打扮得美若天仙，也会给人一种缺少光彩的感觉，因为只有自信的新娘子才能绽放出那种快乐亮丽的幸福光芒。当一个女人将为人母的时候，如果自信不足，就会顾虑忧心，整天担心自己不能向母亲这个角色完美转变，那她就会失去作为母亲的风采。而一个自信的女人就不一样了，她总是告诉自己，自己是最称职的母亲，而在自信的哺育下，宝宝也会健康快乐地成长，这种心理状态会为宝宝树立良好的榜样，这么自信的母亲，她脸上焕发出的是最拨动人心弦的美丽光彩。

有自信的女人不怕困难，不怕吃苦，有勇气去坦然面对一切，即使遇到或失败或残缺的生活也不会因此而失去积极乐观的信心,她们总是努力向好的方向发展。这种女人,她们有可能没有漂亮的外表,却拥有最能感染人、折服人的内涵,因此可以散发出足以倾倒众人的魅力。女人的自信是品性,它可以让女人拥有一种神奇的气质,一种具有震慑力的向心引力。只有拥有自信,才能拥有自己的精彩人生,才能拥有缤纷的大千世界。自信可以让一个女人拥有这个世上最缤纷、最完美的宠爱。女人的一生会因为自信而精彩。

马润是一个普通的女孩子,毕业于河北农业大学,她的家庭经济状况一般,没有什么背景。如果只是看她的教育背景,很少有人能把她和外企的高级主管联系在一起。然而,没错,马润做到了。她的成功离不开自信,她相信自己的能力,对于一切可能都不会心存放弃之念。

马润的第一份工作并不理想,因为她没有名牌大学的教育背景。为此,她坚持学习外语。只是为了改变自己,她开始了漫长的充电之旅。马润先后上过许多外语培训班,花费了很多时间、精力和钱财。当然,她的付出得到了回报,她的英语水平提高得非常快。马润意识到了自己的变化更加自信了,她对未来充满了信心。之后,马润决定去外企应聘。因为有着出色的外语能力,马润顺利地进入了外企。从此,她有了自己的发展平台。由于工作能力突出,马润很快就被提拔为办公室的主管。

第 四 章
仙姿自在凡尘里，大美长存澹静中

人生可以平平淡淡，也可以轰轰烈烈；生活可以过得粗茶淡饭，也可以过得锦衣玉食。但是自信却是无论如何都不能缺少的，每个人都应该乐观积极地面对生活，学会生活。自信是信任自己的心灵力量，能够调动平时一直潜藏在意识中的精力、智能和勇气，这时别人看到的将会是蓬勃向上、富有朝气的你。自信的女人在处理事情的时候总是会挥洒自如、灵活应变，从来不会出现优柔寡断、畏畏缩缩的情况。人们都乐于接近自信的女人，都喜欢她们带着温暖的微笑和坦然的气息。

任何人都不要太在乎别人对自己的看法和评价，要对自己的人生有一种坚信的态度，要相信：人虽然并不是完全为自己而活，但至少要用自己的想法和态度去活。别人可能会帮你一时，但谁都不会一直帮助你，对任何人都不要处处依赖，哪怕是自己的父母。一切事情最终要靠自己去解决，这才是处事的态度，而独立则是女人自信的第一步。女人可以柔弱，但不能懦弱，不要总是以颓废消沉、痛哭流涕来博得他人的同情，女强人并非人人都可以做，但至少我们要学会迎难而上。那些躲躲藏藏、畏前惧后的胆小鬼会让人们从心里鄙视，只有那些乐观向上的自信者才会获得别人的尊敬，因为那种不服输的力量是每一个人都愿意接受的。

有些人因为身体的缺陷或者不足而不够自信，她们也许身材矮小，也许说话口吃……于是，她们给自己找了无数条不自信的理由。只是她们忘了，自信是没有任何借口的！只要努力发现自己的优点并努力培养自信心，那些"缺点"就会自动走开，因为眼睛小或者鼻子不够挺根本不能成为被人厌恶

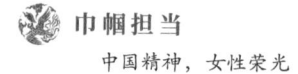
中国精神，女性荣光

的理由。你可以尝试以下几个增强自信的小技巧：

（1）和他人交谈时，总是在心里对自己说：我的优点很多，别人都能感受到，我的不足根本无所谓；

（2）虽然我不是位高权重，但是我的讲话是极其重要的；

（3）别人不过如此，我的准备已经很充分了；

（4）把注意力集中到对方的身上，不要总被自己所谓的"缺点"干扰；

……

女人一定要多给自己一点信心，不要总是折磨自己，一味地把自己封闭起来。女人应该挺起胸膛，从容地展示自己的气度和自信。无论你身在何处，无论你身份如何，在这个大千世界中只有一个独一无二的你。自己的生命本身就是一首动听的歌，世界上没有绝对的完美。所以，你要做的就是坦然地接受自己，并不断丰富自己，发挥自己的本色，活出一个自信而真实的自己，让生活中的每一天都充满灿烂的阳光。

在任何情况下，女人都应该拥有自信，坚信自己是世间独一无二的，是不可替代的。

北方有佳人,绝世而独立

女人如水,

一汪清澈的泉水,

从心底流淌着,

把全部的爱汇入江河。

你滋润了返青的麦苗,

也温暖了家的港湾。

女人如花,

一支怒放的花朵,

你用美丽的心灵,

装扮着回春的大地,

也呵护了幸福的家园。

女人如歌,

一首赞美的颂歌,

巾帼担当
中国精神，女性荣光

你没有动人的歌喉，

却有着勤劳善良的美德，

一路从春唱到冬。

你无怨无悔，

你默默奉献，

只因有你，

世界才会更精彩。

这是一首对女性的赞美诗，写出了现代女性的真我风采，写出了现代女性的独立自尊！在现实生活中，有许多的女性，她们有的或许没有迷人的外表，有的或许没有骄傲的成就，但是她们却拥有自己独立的人格，拥有自己的事业，她们每天开心地工作、生活，给孩子、给朋友最灿烂的笑容，最甜美的声音，最真诚的祝福，她们总是给人一种赏心悦目、沐浴春风的感觉。

我们提倡女性活出自我，活出个性。提到自我．我们常会想到一种我行我素、不负责任的心态；说起担当，脑海中浮现的却是一个高大伟岸、顶天立地的男子汉形象，看似截然不同的两个词，其实却有着密切的联系，在拥有个性的同时学会担当，在担当中活出自我，这才是最好的人生态度。

第四章
仙姿自在凡尘里，大美长存澹静中

释放真正的自己，活出真我风采

女人与男人不同，她们的世界异彩纷呈，美丽妖娆。在如此缤纷的世界里，女人如果一味地掩饰真我，拘束自身，就会给人以不真实甚至做作的感觉。所以，女人一定要学会释放真正的自己，活出真我风采。一个能够活出真我风采的女人，是一个自信的女人，一个独立的女人，一个勇敢的女人，这些特质共同将她塑造成了一个有个性、有魅力、有担当的女人。

大街上有两个年轻的女孩子正在谈笑，可能正在聊之前发生的一件事。其中一个女孩身材较高，她的表情很丰富，配合着自己讲述的内容。女孩时而吐下舌头，很是调皮；时而又扬下胳膊，青春美丽。另外一个女孩被她逗得不行，捂住肚子开心地大笑。

这一切吸引了一旁的导演，他已经观察她们很久了，她们的神情和笑声非常富有感染力！两个女孩都长得很漂亮，高个儿女孩尤其引人注目，她有一双大而明亮的眼睛，脸上散发着迷人的青春光芒！导演带着其他工作人员

中国精神，女性荣光

走了过去，因为这正是他想要找的演员。

当女孩子知道自己正对着镜头的时候，很吃惊，她们显然已经明白了导演的意图。高个儿女孩的笑容没有了，青春活力没有了，她把一双手端放在小腹前，竭力想让自己看上去更优雅一些。面对镜头，她压抑着内心的喜悦，一时间竟没有了言语，因为她的确不知道应该说什么，只好僵着脖子，绷紧下巴，之前的活泼神色一扫而光，看上去就像橱窗里摆放的模型。最后，导演选用了那个捂着肚子笑的女孩子，虽然她之前要比高个儿女孩略为逊色。

导演说："我选用这个小姑娘只有一个原因，就是当她听到有成为演员的机会后就高兴得蹦跳起来，然后情不自禁地摇晃着她那位正在镜头前摆优雅姿态的朋友。要知道，一个好的演员必须能够自然地表现自己！"

人生如戏，每个人在生活中都会扮演着各种各样的角色。要想让自己的人生过得精彩，就要尽力地活出真我的个性。工作中你是员工或管理人员，家庭中你是子女同时也会为人父母；在家里你是娇羞的妻子，而办公室则需要你成熟干练……漂亮的女人们要懂得，自己的角色随时都在发生变化，要想被别人喜欢，就需要做一个角色切换自如的人。

母亲需要慈祥，父亲需要严厉，这并不是严格的规定，也并没有哪个条款规定明星必须高雅。在教育问题上，每个父母都有不同的教育方式，但唯独教育孩子保持自我的真实才是最为成功的；许多成名的女歌星或者女影星，无论她们所依靠的是美丽的容貌还是动人的嗓音，她们都有一个共同点，

第 四 章
仙姿自在凡尘里，大美长存澹静中

即保持本色。每个人的本色是真实存在的，因为每个人都有自己的特点和个性，这个真实的自我是你和别人相处时展示出的基本姿态。当你与别人交往的时候，你所需要做的并不是掩饰自我，故作姿态，而是应该坦然地释放出自己真实的性情，秀出自己真实的风采。

有些女孩子性格开朗大方，但却为了让大家喜欢而故作矜持，努力装出文静的淑女模样；有些女性已人到中年，但却偏偏想扮成活泼可爱的青春少女，殊不知虽然自己有点犹存的风韵，却没有了稳重、端庄、成熟、优雅……很多女人为了赢得别人的喜爱和尊敬，总是把最真实的一面隐藏起来，用自以为大家喜欢的姿态对人，或者为了取悦于人而不断地对自己说："一开始的印象非常重要，一定要表现好！"然而，她们越是这样做越是适得其反，这种心理让她们觉得自己真实的一面根本不能见人，也生怕有一天真实的自己被别人发现，于是她们越发显得矫揉造作、不知所措。掩饰真实的自我是一种做作，是不自信的表现，想用从他人那里模仿来的优点替换自己的本色的念头是错误而愚蠢的，这样做的结果是既辛苦又得不偿失。

个性是美的真正体现，是展示一个真正自我的方法。世界上没有两片相同的树叶，也没有两粒相同的沙子。你就是你，你不是别人，别人也不会是你。

有一位女孩子心情很不好，原因是同学、朋友谁都不会注意她的存在，也不会关心她的心情，总以为她是一个可有可无的人。这让她有一点自卑，更有一些失望。是的，花季少女，哪一个女孩子不希望自己成为别人注目的焦点呢？而她从来都是默默无闻，就像路边的小草，都市的繁华与亮丽从来都与她无关。

这一天，她一个人来到大海边，静静地坐在沙滩上，思考着。这时，一位老人走过来，看到孩子神色不好，就上前询问。女孩子看到终于有人关注她，心里非常高兴，就将心中的苦恼都讲给老人听。

老人从脚下的沙滩上捡起一粒沙子，让女孩子看了看，然后就随手扔到地上，对她说："你把刚才扔到地上的沙子捡起来。"

"这怎么可能？你是在逗我开心吧。"女孩子说。

老人没有说话，接着从自己手上把戒指拿了下来，也是随手扔到地上，然后说："你能不能把戒指捡起来呢？"

"这当然可以。"女孩子很轻松地说。

老人对女孩子说："如果你想被人关注，被人欣赏，你就要做一枚金子，就要有你自己的风格，否则，你就会成为沙子，在这片沙滩上，有哪一粒沙子出众呢？"

女孩子想了想，觉得还真是这个道理，自己在同学朋友当中，的确没有什么风格，无论是穿衣服、说话、举动，都是随大流，没有自己的风格，没有自己的观点，总是随声附和着，这样的自己又怎么能被大家注意呢？

生活中，一些女人的确如此，无论说话、办事、行为、思想等，都没有自己的特色，没有独特的风格，这样的女人，即使是块金子，也会被埋没的。

第 四 章
仙姿自在凡尘里，大美长存澹静中

如果女人一味随大流，让自己大众化，你就是芸芸众生中的一粒沙土，永远不会引起别人的注意。缺乏独特风格的女人，就如同大海中的一滴水，让人永远看不出你的风采。

一个现代女人必须要有个性化的气质，才能显出真我的风采，才能表现出自己独特的魅力。所谓的个性就是个人独有的品位和气质。个性化的美，体现个性特征的现代女性形象，已成为一种不容逆转的潮流。

个性化的时代，就是人性的召唤，美的渴求。在这个时代里，人们乐于展露本来的自我，表现出原始的个性，未经修饰的好恶，呈现出另一种激动人心的魅力。每一个人都是一个独立存在的个体，生来就和别人不一样。世界上几十亿人口当中，每一个人都有自己的独特之处，你没有必要硬把自己纳入什么模式当中。适度表露自己的个性，是一种人性的解放，是一种理性的选择。

你的个性是你的特点与外表的总和，这些也就是你和其他人所不同的地方。你所穿的衣服、你脸上的线条、你的声调、你的思想以及你由这些思想所发展出来的品德，所有这一切都构成你的个性。

很显然，你个性中最重要的一部分，就是你的气质所代表的那一部分，也就是外表上看不出来的那一部分。

在人类历史上，你是独一无二的，应该为这一点而庆幸，应该尽量利用大自然所赋予你的一切。归根结底，所有的艺术都带着一些自传性，你只能唱你自己的歌，你只能画你自己的画，你只能做一个由你的经验、你的环境和你的家庭所造成的你。不论情况怎样,你都是在创造自己的小花园;不论情况怎样,你都得在生命的交响乐中,演奏自己的乐器;无论情况怎样,你都要在生命的沙漠上踏上自己走过的脚印。

要知道,世界上所有珍贵的东西,都是不可仿制的,是绝无仅有的。作为女性大家族中的你,也是这个世界上独一无二的。如果你刻意地去模仿别人,总有一天,你会丢失了自己,那时候你会发现,羡慕是无知的,模仿就意味着自杀。

每个女人都希望自己能够自由、潇洒、快乐地生活。于是,女人的个性表现得越来越突出,她们总是根据自己的特点,寻找恰当的表现形式,获得属于自己的生活。假如一个女人失去了个性,失去了自我,丝毫没有独特之处,那么于茫茫人海中看去,只是无数个相同的人中的又一个人而已,不管外表多么美丽,也只能是一种没有思想的装饰。这样的女人,在需要自己挺身而出、勇敢担当的时候,她们能胜任吗?

第 四 章
仙姿自在凡尘里,大美长存澹静中

独立自尊,拥有坚定的力量

独立自尊是女人灵魂的灯塔,有了这一个灯塔的照亮,才会让女人永远保持一份坚定的力量;也会因为这一个灯塔的照亮,女人才能够赢得别人对自己真正的爱和敬重,女人的生命从此才会不再卑微,才能拥有担当的力量。

英国著名的女作家夏洛蒂·勃朗特的《简·爱》中,女主人公简·爱就是一个独立自尊的坚强女子,简·爱用自己的自尊和自己的不幸命运做着坚强的抗争。

简·爱出生于一个穷牧师的家庭,在她还很小的时候,父母就因为感染了风寒在一个月内相继过世了。父母双亡后,幼小的简·爱被寄养在舅舅的家里,在舅舅里德先生过世之后,简·爱受尽了舅母的歧视和虐待。

面对着吝啬又自私的舅母和顽皮又凶悍的表哥,小小年纪的简·爱始终没有一丝一毫的妥协,而是始终表现得不卑不亢。恶劣的生存环境并没有磨损掉简·爱与生俱来的高贵的尊严,虽然受到了一系列的不公平待遇,但是

这并没有扭曲简·爱一直以来对于美好生活的期待和向往。

所以，当简·爱遭到顽皮又凶悍的表哥无缘无故的羞辱和责打时，她奋起反抗了。独立自尊的个性激起了简·爱小小的身体里那无穷的斗志，这股斗志让貌似很强大的表哥和很有权威的舅母都震惊不已。

因为简·爱不屈不挠地反抗表哥对她的殴打，舅母惩罚她关进了一个小房子里面。肉体上的痛苦以及心灵上受到的屈辱，让小小的简·爱有些承受不住了，她大病了一场。从此之后，舅母坚决地把简·爱当成是自己的眼中钉、肉中刺，彻底把简·爱和自己的孩子隔离了开来。

简·爱再也不能在那个黑暗的家庭里面苟且地生活下去了，当舅母提出要把简·爱送到洛伍德孤儿院时，简·爱并没有表现出丝毫的难过和忧伤，而是在离开舅母那个黑暗的家庭时，给那个可恨可憎的舅母上了一堂生动的尊严课程。

但是，舅母并没有因此放过他，在简·爱还没有到洛伍德孤儿院的时候，舅母就告诉那里的院长，说简·爱是一个特别爱撒谎的坏女孩。洛伍德孤儿院的管理特别严格，生活也非常的困苦，而且这里的院长还是个伪君子。简·爱在孤儿院的生活并没有比在舅母家时好一些，在这里，简·爱继续受到了肉体和精神上的双重摧残。

幸好在孤儿院里，简·爱有了一个好朋友——海伦·彭斯。海伦·彭斯和简·爱一样，也是一个可怜的孤苦无依的穷苦孩子。但是，海伦·彭斯虽然身处逆境，却用自己博大的胸怀和宽容的气质来忍受着生活给予她的种种磨难。海伦·彭斯说过："没有任何虐待会在我心灵上留下痕迹，我总觉得

第 四 章
仙姿自在凡尘里，大美长存澹静中

生命太短促，不能把它虚掷在积怨记仇上。"

正是与海伦·彭斯这份深厚的友谊，彻底地扫除了简·爱心里原本所有的阴霾，让简·爱更加懂得了有尊严地去争取好好生活永远比毫无意义地记恨别人要轻松快乐得多。

但是，因为洛伍德孤儿院恶劣的生活条件，这里的很多孩子都生病了，经常会有孩子病重而死。简·爱最好的朋友海伦·彭斯就在一次非常严重的斑疹伤寒中过世了。但是，也是因为这一次孤儿院严重的斑疹伤寒，让孤儿院的生活条件受到了社会的重视，也在一定程度上改善了孤儿院的生活条件。简·爱在洛伍德孤儿院学习了六年，顺利地完成了自己的学业，并且在这里担任了两年的教师。

后来，简·爱厌倦了在孤儿院的生活，她开始在报纸上登广告，准备谋求一份家庭教师的职业。桑菲尔德庄园的女管家聘用了她，就这样，简·爱走进了这座庄园的主人公罗切斯特先生的视野。独立自尊的简·爱用她独特的魅力深深地吸引着罗切斯特先生。罗切斯特先生爱上了简·爱。但是这时候的罗切斯特先生还不能确定简·爱的心（因为他不知道其实这时候的简·爱也已经爱上了他），他决定考验一下简·爱。面对罗切斯特的考验，简·爱说出了那番后来让全世界的女子都非常佩服的爱情宣言："你认为因为我穷、低微、不漂亮、矮小，我就没有灵魂、没有心吗？假如上帝赐给了我一点美貌和大量财富，我也会让你感到难以离开我，就像现在我感到难以离开你一样……"多么坦率地表白，多么令人震撼地回答。简·爱在追求自己爱情的

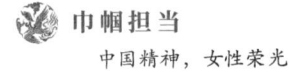

道路上也依然是保持着自己的自尊。

于是，罗切斯特向简·爱求婚了，简·爱幸福地答应了。幸福来得太突然了，当他们两个人的爱情就要用婚姻来加以证明时，当他们的婚礼在教堂悄然进行时，残酷的命运跟简·爱开了一个大大的玩笑：有人站出来证明，原来罗切斯特早在15年前就已经结婚了，他的妻子正是那个被罗切斯特关在庄园三楼的疯女人。于是，按照当时的法律，罗切斯特和简·爱的婚姻无效，两个人都陷入了深深的痛苦中。

后来，在一个凄风苦雨的夜晚，简·爱觉得自己再也无法承受心爱的人对自己的欺骗，自己的自尊心经不起这样的玩弄，她毅然选择了离开自己心爱的人。

离开罗切斯特的简·爱决定开始寻找自己的新生活。最后，简·爱被一位好心的牧师圣·约翰收留了，他还让简·爱在当地的一所小学校当老师。

后来，简·爱得知自己的叔叔给自己留了一笔遗产，而且圣·约翰就是自己的表兄，面对着这一份突如其来的财富，简·爱始终保持着清醒的头脑，因为简·爱懂得，在这个世界上还有很多美好的东西都不是金钱能够换来的。于是，简·爱决定把叔叔的财产和表兄圣·约翰平分。圣·约翰是个狂热的教徒，他想去印度传教，他请求简·爱嫁给他，和他一起到印度去。但是，简·爱拒绝了，因为她的心中已经有了自己心爱的人。

这时候，简·爱的心里还是深深地爱着罗切斯特，她再也经受不住爱情的煎熬，决定要回到桑菲尔德庄园，回到罗切斯特的身边。可是，当简·爱再一次来到桑菲尔德庄园时，那里已经是一片废墟，那个被罗切斯特关在三

第 四 章
仙姿自在凡尘里，大美长存澹静中

楼的疯女人一把火烧毁了庄园，她自己也跳楼身亡。罗切斯特受了重伤，他失去了一只胳膊还有一只眼睛。但是，简·爱和罗切斯特内心对彼此的爱情还是那样得熊熊燃烧，于是，命运终于对简·爱露出了笑脸，她和罗切斯特终于结了婚，幸福地生活在一起。

我们随着简·爱一路走来，不难发现，在简·爱的内心，其实始终坚持着一个原则，那就是无论在任何情况下，都要做有尊严的人。

简·爱既没有动人的容貌，也没有很多的财富，但是在她的一生中却同时收获了深厚的友情、爱情和亲情。这并不奇怪，因为简·爱有一个法宝，那就是她独特的力量——独立自尊。

一个人能否受到别人的尊敬，并不是由于他所处的地位和工作所决定。能赢得他人的尊重，是因自尊自爱、光明磊落的人格。

独立自尊的女人，拥有强大的担当精神，她们不会受到不良习气的影响，在利益面前，她们不会选择卑躬屈膝；在权势面前，她们不会选择同流合污。她们的天空永远都是蔚蓝的，她们的内心永远都是明澈的。如果一个女人修养颇高，时时处处都能保持真我风采，那么，她就不会为更多的浮尘琐事所羁绊，就能够怀着更加轻松的心态去感受生活的美妙。

肆

冰雪净聪明，才华馥比仙

一提到女人，大家总是习惯用"温柔""贤惠""善良""美丽"等词语来形容，好像认为"聪明""智慧""才华"等与女人无关。其实，古往今来，有很多"冰雪净聪明，才华馥比仙"的智慧女人。尤其在当今社会，女性凭借自己的聪明才智，在各行各业都做出了非凡的成绩，有医术精湛的"疫情上报第一人"张继先，第一个获得诺贝尔奖的中国女性屠呦呦，有带领女排连夺冠军的郎平……在这些智慧女人身上，我们领略到了现代女性的风采。

现代女性比历史上任何时代的女性更有魅力，她们是更好的妻子、更好的母亲、更好的朋友，而且她们更有知识。我们可以很自豪地说，这是一个崭新的时代，这个时代的女性更加有魅力，有担当。

第四章
仙姿自在凡尘里，大美长存澹静中

智慧是穿不破的衣裳

有人说：担当是一种责任。担当起责任，不仅仅需要勇气，更需要智慧。没有智慧的担当，是有勇无谋，无异于胡乱蛮干，最终也无法履行自己应尽的责任。一位省级领导在《人民日报》撰文说："习近平总书记对改革有一系列的重要论述，我们要深入学习领会，改革既要勇气，更要智慧。要做敢于担当的勇者，也要做头脑清醒的智者。"

我们可以说，担当是一种态度，一种精神，而智慧则是实现担当的能力和方法。因此，有担当的女性都拥有迷人的"智慧之美"。

拥有独立自主的意识状态和自尊自重的情感状态是"智慧之美"的魅力所在。大多数智慧女性能够从容勇敢地接受来自各方面的挑战，她们善于从大自然与人类社会这两部"书"中采撷智慧。

富于智慧的魅力女人有着自己的思维方式和行为方式。例如，如何运用有效的思维方式待人接物，怎样才能让自己表现出稳重有序、落落大方的风度。

所以，魅力女人聪明智慧、人情练达，不同于女孩子的天真稚嫩，也与

女强人的咄咄逼人有着本质的区别。她们总能在不经意间流露出柔美和知性的魅力。

灵性是一种智慧,是女人特有的光芒,它同时包含着理性与感性。它是一种精神,融合了肉体的精神;它是一种直觉,荡漾在意识与无意识之间。灵性的女人单纯而深刻,使人感受到无穷无尽的韵味与极致魅力。

弹性是性格的张力,如果一个女人拥有弹性,那么她将能够收放自如、性格柔韧。她是聪慧的,既善解人意又善于妥协,同时把自己的坚持融入巧妙的妥协中。她有主见,而且非同一般,但那显然不是固执己见。

女性的特点与男性不同,她美得收放自如,而男性的特点只在于力。其实,知性女人的特点中也有力。只不过,男性的力往往表现为刚强,女性的力往往表现为柔韧。弹性就是一种力,这种力量可以化作温柔。有弹性的女人使人感到轻松和愉悦,既温柔又洒脱。

真正的智慧女性其智慧并不是那种小聪明,而是一种大气的风度,是灵性与弹性的结合。一个纯粹意义上的"知性"女人,既有人格的魅力,又有女性的吸引力,更有感知的影响力。她能同时征服男人和女人。

智慧女性的生活精致而优雅,即使她并不漂亮,也不会影响生活的质量。

智慧女性会极其注重健康,虽然她没有魔鬼般的身材,但却因为爱自己而爱生活。

智慧女性总是表现得美丽而时尚,她们有着广泛的兴趣,有着饱满的情绪,她们更保留着一颗好奇纯真的童心。智慧女性既理性又浪漫,像春天里

第 四 章
仙姿自在凡尘里，大美长存澹静中

的一缕清风，如书本上的一句华美之词，世间的每一分钟都会给她们带来满怀的温柔和无限的生命体悟。

智慧女性大都有过丰富的故事，她们经历过人生的风风雨雨，因而更加懂得包容的重要。

灵性与弹性的完美统一是智慧女性的内在气质。

具体来说，智慧女性的美主要体现在以下几个方面：

1. 个性突出

女性的个性比美貌更容易长时间地吸引别人，美丽的容貌仅仅具有直接的吸引力。个性是自己的本色特质，与别人有所区别，每个人都有着自己独特的个性。索菲娅·罗兰曾说过："对于自己形体的缺陷，我们应该珍爱，改造它们要比消除它们好得多，可以让它们成为惹人怜爱的个性特征。"中国传统美学上有一条原则就是刚柔相济，温柔并非沉默，更不是毫无主见。相反，开朗的性格则容易表现自己的内心世界，让别人更快更准确地了解自己。

2. 内心丰富

提到丰富的内心有两个必不可少的内容：一是有理想，一是有知识，这两方面对现代女性来说是不可或缺的。女性魅力可以靠知识而大放光彩。除此之外，宽广的胸怀也是必需的。大作家雨果有句名言："比大海宽阔的

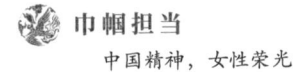

是天空，比天空更宽阔的是人的胸怀。"如果能做到这些，那就是相当完美的女人了。

3. 志趣高雅

每个女性的气质都是不一样的，这与人品、性情、学识、智力、身世经历和思想情操等密切相关。要想有优雅的气质和风度，就必须有良好的教育和修养。

4. 言谈优雅

言为心声，人们可以通过言语来观察一个女人的内心世界。一个知性女人在言谈中，一定会有尊敬长者、爱护幼者、平和谦逊的美德。

智慧是女人的内涵，一个女人可以不漂亮，但不能没有智慧，智慧可以让女人更有力量。

第四章
仙姿自在凡尘里,大美长存澹静中

散发自己的智慧之光

  智慧的女人是一颗永恒的灵魂宝石,她闪闪发光,耀眼夺目,魅力无限。每一个女人,只要愿意开动自己的脑筋,开发出自己的智慧,就会让每一个女人浑身都充满了自信和高贵,魅力的光芒照射四方。

  胡因梦和林青霞是同时代的大明星,是当时中国台湾的四大美女明星之一。本来,胡因梦也可以如林青霞一般,选择嫁入豪门,过着悠闲自在的舒适生活。其实,现在的很多女明星还是会选择这样一条路的。但是,胡因梦没有,并不是因为这样不好,而是因为她有自己的选择。

  1980年,胡因梦和李敖的一场婚姻引起了轰动,但是这场婚姻仅维持了四个月便以离婚收场。胡因梦说,当时她之所以会嫁给李敖,是因为对李敖的崇拜之情,当时李敖的学识以及反叛的性格深深地吸引了她。但是结婚之后,胡因梦却发现其实李敖也是凡人,他也有自己的弱点和狭隘之处。胡因梦作为一个独立的女性,在发现这些问题之后,觉得两个人在很多方面都不合,

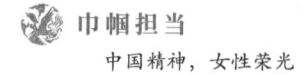

便果断地决定和李敖离婚,尽管两人为了这场离婚打了三年的官司。

胡因梦和李敖离婚之后,开始认真地思考一些人生问题,她觉得自己以后不能够再盲目地崇拜名人了,她开始广泛而认真地阅读,这让胡因梦开阔了视野,也让她开始认真地思考自己将来的道路。这时候,胡因梦作出了一个大胆的决定:离开自己已经做得风生水起的演艺界。就这样,胡因梦在自己鼎盛的35岁那年,毅然决然地离开了演艺圈,开始了另外一种生活。对于胡因梦的这一决定,她的母亲很不理解,就问她:为什么放着这么高收入的工作不做呢?胡因梦答道:我不能为了金钱而生活,我要去做自己喜欢的事情。

后来,胡因梦开始把精力放在有关心灵方面的书籍的研究以及翻译和写作方面。她第一次把克里希那穆提的思想翻译并介绍到了中国台湾,她还专注于推动新时代的意识革命以及生态环保等方面的问题。胡因梦自己写了一些著作,还翻译了一些文稿,她在自己的心灵转变的同时,还举办了一些心灵的培训班。胡因梦从一开始只是凭着自己的美貌来生存的美女明星,一跃变成了今日的一个聪慧的女子,成了一个作家,一个思想家,成为了今天既有外在美,更有内在美的优秀女人。

作为女人就应该像胡因梦那样,无论是面对顺境还是逆境,都要用自己的智慧活出自己的精彩。

在一次香港小姐选拔的决赛中，为了测试一下诸位参赛者的思维速度和应对能力，主持人问了这样一个难题：如果给你两个人，肖邦和希特勒，让你必须在这两个人中间选出一个来作为你的终身伴侣的话，你会选择哪一个呢？并说明你选择他的理由。

其中一位参赛佳丽的答案堪称经典，她是这样回答的：我选择希特勒作为我的终身伴侣。因为如果我嫁给了他，我相信我一定会耐心地说服他，努力地感化他，让他不要发动第二次世界大战，这样一来，就不会有那么多的人因为这场战争而家破人亡、流离失所。

这位参赛佳丽思维巧妙的回答立刻赢得了全场热烈的掌声。

其实主持人抛出的这个问题，如果要巧妙地回答的话确实很难。如果选手们选择肖邦的话，那么答案就会一点新意也没有，显得特别俗气。但是如果选择希特勒的话，因为这个人物的特殊性，又无法给出合理的解释。这位参赛选手出乎意料的回答，既找出了合理的理由，而且还关心到世界和平这个大问题，确实是非常成功的答案。她用自己的智慧给评委和观众们留下了非常深刻的印象。

现代的女性们，在看重自己容貌的同时，也应该学会修炼自己的内涵，补充自己的学识，做一个聪颖智慧的不凡女人。

附录

女人如诗 女人如画

- 关雎
- 桃夭
- 湘夫人
- 白梅
- 采莲曲
- 寒菊
- 春江花月夜
- 佳人
- 古风
- 葛雄女子舞剑歌
- 咏露珠
- 渔家傲·天接云涛连晓
- 寄蜀中薛涛校书
- 李凭箜篌引

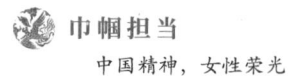

关 雎

先秦·佚名 《诗经·国风·周南》

关关雎鸠,在河之洲。

窈窕淑女,君子好逑。

参差荇菜,左右流之。

窈窕淑女,寤寐求之。

求之不得,寤寐思服。

悠哉悠哉,辗转反侧。

参差荇菜,左右采之。

窈窕淑女,琴瑟友之。

参差荇菜,左右芼之。

窈窕淑女,钟鼓乐之。

桃 夭

先秦·佚名　《诗经·国风·周南》

桃之夭夭，灼灼其华。

之子于归，宜其室家。

桃之夭夭，有蕡其实。

之子于归，宜其家室。

桃之夭夭，其叶蓁蓁。

之子于归，宜其家人。

湘夫人

先秦·屈原　《楚辞·九歌》

帝子降兮北渚，目眇眇兮愁予。

袅袅兮秋风，洞庭波兮木叶下。

登白薠兮骋望，与佳期兮夕张。

鸟何萃兮蘋中，罾何为兮木上。

沅有芷兮澧有兰，思公子兮未敢言。

荒忽兮远望，观流水兮潺湲。

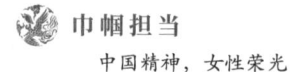

巾帼担当
中国精神，女性荣光

麋何食兮庭中？蛟何为兮水裔？

朝驰余马兮江皋，夕济兮西澨。

闻佳人兮召予，将腾驾兮偕逝。

筑室兮水中，葺之兮荷盖；

荪壁兮紫坛，播芳椒兮成堂；

桂栋兮兰橑，辛夷楣兮药房；

罔薜荔兮为帷，擗蕙櫋兮既张；

白玉兮为镇，疏石兰兮为芳；

芷葺兮荷屋，缭之兮杜衡。

合百草兮实庭，建芳馨兮庑门。

九嶷缤兮并迎，灵之来兮如云。

捐余袂兮江中，遗余褋兮澧浦。

搴汀洲兮杜若，将以遗兮远者；

时不可兮骤得，聊逍遥兮容与！

白 梅

元·王冕

冰雪林中着此身,不同桃李混芳尘。
忽然一夜清香发,散作乾坤万里春。

采莲曲

唐·李白

若耶溪傍采莲女,笑隔荷花共人语。
日照新妆水底明,风飘香袂空中举。
岸上谁家游冶郎,三三五五映垂杨。
紫骝嘶入落花去,见此踟蹰空断肠。

寒 菊

宋·郑思肖

花开不并百花丛,独立疏篱趣未穷。
宁可枝头抱香死,何曾吹落北风中。

春江花月夜

唐·张若虚

春江潮水连海平,海上明月共潮生。
滟滟随波千万里,何处春江无月明!
江流宛转绕芳甸,月照花林皆似霰。
空里流霜不觉飞,汀上白沙看不见。
江天一色无纤尘,皎皎空中孤月轮。
江畔何人初见月?江月何年初照人?
人生代代无穷已,江月年年只相似。
不知江月待何人,但见长江送流水。
白云一片去悠悠,青枫浦上不胜愁。
谁家今夜扁舟子?何处相思明月楼?

可怜楼上月徘徊，应照离人妆镜台。

玉户帘中卷不去，捣衣砧上拂还来。

此时相望不相闻，愿逐月华流照君。

鸿雁长飞光不度，鱼龙潜跃水成文。

昨夜闲潭梦落花，可怜春半不还家。

江水流春去欲尽，江潭落月复西斜。

斜月沉沉藏海雾，碣石潇湘无限路。

不知乘月几人归，落月摇情满江树。

金错刀行

宋·陆游

黄金错刀白玉装，夜穿窗扉出光芒。

丈夫五十功未立，提刀独立顾八荒。

京华结交尽奇士，意气相期共生死。

千年史册耻无名，一片丹心报天子。

尔来从军天汉滨，南山晓雪玉嶙峋。

呜呼！楚虽三户能亡秦，岂有堂堂中国空无人！

登飞来峰
宋·王安石

飞来山上千寻塔，闻说鸡鸣见日升。
不畏浮云遮望眼，自缘身在最高层。

佳　人
唐·杜甫

绝代有佳人，幽居在空谷。
自云良家子，零落依草木。
关中昔丧败，兄弟遭杀戮。
官高何足论，不得收骨肉。
世情恶衰歇，万事随转烛。
夫婿轻薄儿，新人美如玉。
合昏尚知时，鸳鸯不独宿。
但见新人笑，哪闻旧人哭。
在山泉水清，出山泉水浊。
侍婢卖珠回，牵萝补茅屋。

摘花不插发,采柏动盈掬。

天寒翠袖薄,日暮倚修竹。

古 风

唐·李白

碧荷生幽泉,朝日艳且鲜。

秋花冒绿水,密叶罗青烟。

秀色空绝世,馨香为谁传。

坐看飞霜满,凋此红芳年。

结根未得所,愿托华池边。

中国精神，女性荣光

葛雄女子舞剑歌

元·仇远

葛家女儿十四五，不向深闺学针缕。
遍身绣出蛟螭文，赤手交持太阿舞。
红罗帕兮锦缠头，口吐长安游侠语。
侧身捷如飞鸟轻，瞋目勇如独鹘举。
云窗雾阁岂无情，终欠娇娆太粗武。
黄堂张燕灯烛光，两耳喧喧厌歌鼓。
人言葛氏善舞剑，曾向梨园奉尊俎。
短衣结束当筵呈，壮士增雄懦夫沮。
我怜健妇胜丈夫，却欲骄兵如处女。
安得成军如娘子，直气端能捷秦楚。
只愁逢著裴将军，公孙大娘汗成雨。

拟嵇中散咏松诗

魏晋·谢道韫

遥望山上松，隆冬不能凋。
愿想游下憩，瞻彼万仞条。
腾跃未能升，顿足俟王乔。
时哉不我与，大运所飘遥。

山居秋暝

唐·王维

空山新雨后，天气晚来秋。
明月松间照，清泉石上流。
竹喧归浣女，莲动下渔舟。
随意春芳歇，王孙自可留。

咏露珠

唐·韦应物

秋荷一滴露,清夜坠玄天。

将来玉盘上,不定始知圆。

渔家傲·天接云涛连晓雾

宋·李清照

天接云涛连晓雾,星河欲转千帆舞。仿佛梦魂归帝所。闻天语,殷勤问我归何处。

我报路长嗟日暮,学诗谩有惊人句。九万里风鹏正举。风休住,篷舟吹取三山去!

竹

清·郑燮

一节复一节,千枝攒万叶。
我自不开花,免撩蜂与蝶。

龙潭夜坐

明·王守仁

何处花香入夜清,石林茅屋隔溪声。
幽人月出每孤往,栖鸟山空时一鸣。
草露不辞芒屦湿,松风偏与葛衣轻。
临流欲写猗兰意,江北江南无限情。

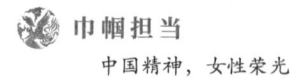

巾帼担当

中国精神，女性荣光

念奴娇·赤壁怀古
宋·苏轼

大江东去，浪淘尽，千古风流人物。

故垒西边，人道是，三国周郎赤壁。

乱石穿空，惊涛拍岸，卷起千堆雪。

江山如画，一时多少豪杰。

遥想公瑾当年，小乔初嫁了，雄姿英发。

羽扇纶巾，谈笑间，樯橹灰飞烟灭。

故国神游，多情应笑我，早生华发。

人生如梦，一樽还酹江月。

己亥杂诗·其五
清·龚自珍

浩荡离愁白日斜，吟鞭东指即天涯。

落红不是无情物，化作春泥更护花。

寄蜀中薛涛校书

唐·王建

万里桥边女校书，枇杷花里闭门居。
扫眉才子知多少，管领春风总不如。

李凭箜篌引

唐·李贺

吴丝蜀桐张高秋，空山凝云颓不流。
江娥啼竹素女愁，李凭中国弹箜篌。
昆山玉碎凤凰叫，芙蓉泣露香兰笑。
十二门前融冷光，二十三丝动紫皇。
女娲炼石补天处，石破天惊逗秋雨。
梦入神山教神妪，老鱼跳波瘦蛟舞。
吴质不眠倚桂树，露脚斜飞湿寒兔。

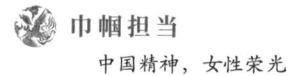

巾帼担当

中国精神，女性荣光

采莲曲
唐·王昌龄

荷叶罗裙一色裁，芙蓉向脸两边开。

乱入池中看不见，闻歌始觉有人来。

咏幽兰
清·玄烨

婀娜花姿碧叶长，风来难隐谷中香。

不因纫取堪为佩，纵使无人亦自芳。

丽人行

唐·杜甫

三月三日天气新,长安水边多丽人。

态浓意远淑且真,肌理细腻骨肉匀。

绣罗衣裳照暮春,蹙金孔雀银麒麟。

　头上何所有?翠微盍叶垂鬓唇。

　背后何所见?珠压腰衱稳称身。

就中云幕椒房亲,赐名大国虢与秦。

紫驼之峰出翠釜,水精之盘行素鳞。

犀箸厌饫久未下,鸾刀缕切空纷纶。

黄门飞鞚不动尘,御厨络绎送八珍。

箫鼓哀吟感鬼神,宾从杂遝实要津。

后来鞍马何逡巡,当轩下马入锦茵。

杨花雪落覆白蘋,青鸟飞去衔红巾。

炙手可热势绝伦,慎莫近前丞相嗔!

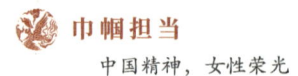

中国精神,女性荣光

西 施
唐·李白

西施越溪女,出自苎萝山。
秀色掩今古,荷花羞玉颜。
浣纱弄碧水,自与清波闲。
皓齿信难开,沉吟碧云间。
勾践徵绝艳,扬蛾入吴关。
提携馆娃宫,杳渺讵可攀。
一破夫差国,千秋竟不还。

李延年歌
汉·李延年

北方有佳人,绝世而独立。
一顾倾人城,再顾倾人国。
宁不知倾城与倾国?佳人难再得。

鹧鸪天·梅蕊新妆桂叶眉

宋·晏几道

梅蕊新妆桂叶眉。小莲风韵出瑶池。

云随绿水歌声转,雪绕红绡舞袖垂。

迢迢牵牛星

汉·佚名

迢迢牵牛星,皎皎河汉女。

纤纤擢素手,札札弄机杼。

终日不成章,泣涕零如雨。

河汉清且浅,相去复几许。

盈盈一水间,脉脉不得语。

经乱离后天恩流夜郎忆旧游书怀赠江夏韦太守良宰

唐·李白

天上白玉京,十二楼五城。仙人抚我顶,结发受长生。
误逐世间乐,颇穷理乱情。九十六圣君,浮云挂空名。
天地赌一掷,未能忘战争。试涉霸王略,将期轩冕荣。
时命乃大谬,弃之海上行。学剑翻自哂,为文竟何成。
剑非万人敌,文窃四海声。儿戏不足道,五噫出西京。
临当欲去时,慷慨泪沾缨。叹君倜傥才,标举冠群英。
开筵引祖帐,慰此远徂征。鞍马若浮云,送余骠骑亭。
歌钟不尽意,白日落昆明。十月到幽州,戈鋋若罗星。
君王弃北海,扫地借长鲸。呼吸走百川,燕然可摧倾。
心知不得语,却欲栖蓬瀛。弯弧惧天狼,挟矢不敢张。
揽涕黄金台,呼天哭昭王。无人贵骏骨,䮄耳空腾骧。
乐毅倘再生,于今亦奔亡。蹉跎不得意,驱马还贵乡。
逢君听弦歌,肃穆坐华堂。百里独太古,陶然卧羲皇。
征乐昌乐馆,开筵列壶觞。贤豪间青娥,对烛俨成行。
醉舞纷绮席,清歌绕飞梁。欢娱未终朝,秩满归咸阳。
祖道拥万人,供帐遥相望。一别隔千里,荣枯异炎凉。
炎凉几度改,九土中横溃。汉甲连胡兵,沙尘暗云海。

草木摇杀气，星辰无光彩。白骨成丘山，苍生竟何罪。
函关壮帝居，国命悬哥舒。长戟三十万，开门纳凶渠。
公卿如犬羊，忠谠醢与菹。二圣出游豫，两京遂丘墟。
帝子许专征，秉旄控强楚。节制非桓文，军师拥熊虎。
人心失去就，贼势腾风雨。惟君固房陵，诚节冠终古。
仆卧香炉顶，餐霞漱瑶泉。门开九江转，枕下五湖连。
半夜水军来，浔阳满旌旃。空名适自误，迫胁上楼船。
徒赐五百金，弃之若浮烟。辞官不受赏，翻谪夜郎天。
夜郎万里道，西上令人老。扫荡六合清，仍为负霜草。
日月无偏照，何由诉苍昊。良牧称神明，深仁恤交道。
一忝青云客，三登黄鹤楼。顾惭祢处士，虚对鹦鹉洲。
樊山霸气尽，寥落天地秋。江带峨眉雪，川横三峡流。
万舸此中来，连帆过扬州。送此万里目，旷然散我愁。
纱窗倚天开，水树绿如发。窥日畏衔山，促酒喜得月。
吴娃与越艳，窈窕夸铅红。呼来上云梯，含笑出帘栊。
对客小垂手，罗衣舞春风。宾跪请休息，主人情未极。
览君荆山作，江鲍堪动色。清水出芙蓉，天然去雕饰。
逸兴横素襟，无时不招寻。朱门拥虎士，列戟何森森。
剪凿竹石开，萦流涨清深。登台坐水阁，吐论多英音。
片辞贵白璧，一诺轻黄金。谓我不愧君，青鸟明丹心。

五色云间鹊，飞鸣天上来。传闻赦书至，却放夜郎回。

暖气变寒谷，炎烟生死灰。君登凤池去，忽弃贾生才。

桀犬尚吠尧，匈奴笑千秋。中夜四五叹，常为大国忧。

旌旆夹两山，黄河当中流。连鸡不得进，饮马空夷犹。

安得羿善射，一箭落旄头。

美女篇

汉·曹植

美女妖且闲，采桑歧路间。

柔条纷冉冉，落叶何翩翩。

攘袖见素手，皓腕约金环。

头上金爵钗，腰佩翠琅玕。

明珠交玉体，珊瑚间木难。

罗衣何飘飘，轻裾随风还。

顾盼遗光彩，长啸气若兰。

行徒用息驾，休者以忘餐。

借问女安居，乃在城南端。

青楼临大路，高门结重关。

容华耀朝日,谁不希令颜?

媒氏何所营?玉帛不时安。

佳人慕高义,求贤良独难。

众人徒嗷嗷,安知彼所观?

盛年处房室,中夜起长叹。

中国精神，女性荣光

警幻仙姑赋

清·曹雪芹

方离柳坞，乍出花房。
但行处，鸟惊庭树；
将到时，影度回廊。
仙袂乍飘兮，闻麝兰之馥郁；
荷衣欲动兮，听环佩之铿锵。
靥笑春桃兮，云堆翠髻；
唇绽樱颗兮，榴齿含香。
纤腰之楚楚兮，回风舞雪；
珠翠之辉辉兮，满额鹅黄。
出没花间兮，宜嗔宜喜；
徘徊池上兮，若飞若扬。
蛾眉颦笑兮，将言而未语；
莲步乍移兮，待止而欲行。
羡彼之良质兮，冰清玉润；
羡彼之华服兮，闪灼文章。
爱彼之貌容兮，香培玉琢；
美彼之态度兮，凤翥龙翔。

其素若何？春梅绽雪。

其洁若何，秋菊被霜。

其静若何，松生空谷。

其艳若何，霞映澄塘。

其文若何，龙游曲沼。

其神若何，月射寒江。

应惭西子，实愧王嫱。

　　奇矣哉！

生于孰地，来自何方？

　　信矣乎！

瑶池不二，紫府无双。

果何人哉？如斯之美也！

巾帼担当

中国精神，女性荣光

娇女诗

魏晋·左思

吾家有娇女，皎皎颇白皙。
小字为纨素，口齿自清历。
鬓发覆广额，双耳似连璧。
明朝弄梳台，黛眉类扫迹。
浓朱衍丹唇，黄吻烂漫赤。
娇语若连琐，忿速乃明集。
握笔利彤管，篆刻未期益。
执书爱绨素，诵习矜所获。
其姊字惠芳，面目粲如画。
轻妆喜楼边，临镜忘纺绩。
举觯拟京兆，立的成复易。
玩弄眉颊间，剧兼机杼役。
从容好赵舞，延袖象飞翮。
上下弦柱际，文史辄卷襞。
顾眄屏风书，如见已指摘。
丹青日尘暗，明义为隐赜。
驰骛翔园林，果下皆生摘。

红葩缀紫蒂，萍实骤柢掷。

贪华风雨中，倏忽数百适。

务蹑霜雪戏，重綦常累积。

并心注肴馔，端坐理盘鬲。

翰墨戢闲案，相与数离逖。

动为垆钲屈，屐履任之适。

止为荼荈据，吹嘘对鼎立。

脂腻漫白袖，烟熏染阿锡。

衣被皆重地，难与沉水碧。

任其孺子意，羞受长者责。

瞥闻当与杖，掩泪俱向壁。

次韵蔡瞻明木犀八绝句

宋·洪适

风流直欲占秋光,叶底深藏粟蕊黄。

共道幽香闻十里,绝知芳誉亘千乡。

次韵中玉水仙花

宋·黄庭坚

借水开花自一奇,水沈为骨玉为肌。

暗香已压酴醾倒,只比寒梅无好枝。